하멜 선생님의 세계 문화 보트 여행

일러두기
- 국가 소개 정보는 2021년 외교부 자료를 기준으로 했습니다.
- 인구의 경우 한국에 설치된 각 나라의 대사관 자료를 기준으로 했습니다.

하멜 선생님의 세계 문화 보트 여행

오주영 글 | 이경석 그림 | 김연수 도움글

주니어김영사

세계 곳곳에 스며든 문화의 아름다움

 문화는 우리 삶을 이루는 모든 것이에요. 음식이나 옷차림처럼 우리 눈에 보이는 문화도 있고 영화와 텔레비전 방송, 음악, 운동, 만화 등 우리가 즐기는 문화도 있어요. 여자에게 기대되는 역할, 남자에게 기대되는 역할, 어린이를 교육하는 방식, 가족을 이루고 살아가는 방식도 문화예요. 결혼식과 돌잔치, 장례식도 문화랍니다. 이렇게 무수히 많은 것이 한데 뭉쳐 한 나라, 한 지역의 독특한 문화를 이루지요. 우리는 부모님을 통해, 학교를 통해, 다른 사람들과의 만남을 통해, 인터넷과 텔레비전을 통해 자연스럽게 문화를 배우고 흡수하고 즐겨요.

 문화는 지역마다 다르답니다. 한국에 사는 사람, 반대편 아르헨티나에 사는 사람, 추운 알래스카의 상황은 모두 다르니까요. 그런데도 사람들은 쉽게 편견에 빠지곤 해요. 자기 나라의 문화만 가치 있게 여기면서 다른 나라의 문화를 무시하기도 하고, 다른 나라의 문화만을 동경하며 자기 나라 문화를 업신여기기도 해요. 하지만 문화에는 1, 2등이 없어요. 자기 나라의 문화만 우수하다고 여기는 '자문화 중심주의'에 빠지거나, 다른 나라의 문화를 우러러보는 '문화 사대주의'에 빠진다면 세계 곳

곳의 문화에 스며 있는 아름다움을 제대로 느낄 수 없어요. 우리에게는 여러 나라의 문화를 그곳의 환경과 역사 안에서 이해하고 그 고유함과 다양성을 인정하는 열린 태도가 필요해요.

열린 태도는 문화를 발전시켜요. 요즘 한국의 케이팝과 드라마가 세계에서 큰 인기를 얻고 있어요. 이런 문화가 어느 날 갑자기 한국에서 툭 튀어나온 건 아니에요. 한국의 예술가들이 세계 여러 나라의 멋진 음악과 드라마에 영향을 받아 케이팝과 드라마를 발전시켰고, 한국이 만든 케이팝과 드라마는 오늘날 세계에 큰 영향을 주고 있어요. 문화는 늘 겹치고 교차되며 발전하고 변화한답니다.

헨드릭 하멜은 조선 시대에 폭풍우를 만나 제주도로 표류해 온 네덜란드 사람이에요. 동료들과 조선 땅에서 13년 동안 살면서 우리 말을 배우고, 이웃과 가까이 지내며 조선의 문화를 배워 나갔어요. 책에서 하멜은 세계 문화 캠프를 이끄는 선생님으로 나와요. 아이들은 하멜 선생님과 여러 나라를 돌며 다양한 문화를 만나고, 그 과정에서 각자가 품고 있던 질문에 답을 찾아 나갑니다. 문화를 바라보는 시선도 달라지지요. 아이들과 함께 여행하며 여러분도 안에 있던 편견을 들여다보고, 다양한 문화를 보다 열린 마음으로 만날 수 있기를 바랍니다.

오주영

차례

작가의 말_세계 곳곳에 스며든 문화의 아름다움 · 4

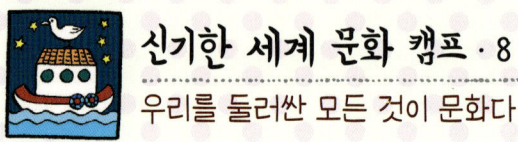
신기한 세계 문화 캠프 · 8
우리를 둘러싼 모든 것이 문화다

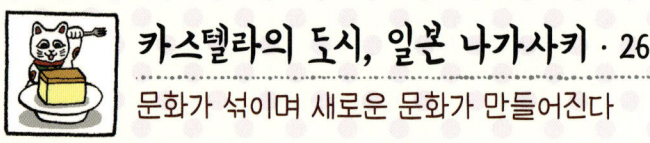
카스텔라의 도시, 일본 나가사키 · 26
문화가 섞이며 새로운 문화가 만들어진다

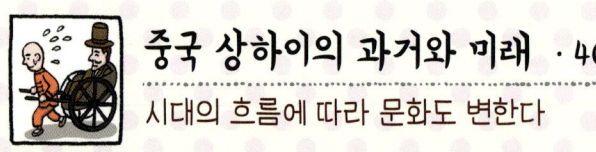
중국 상하이의 과거와 미래 · 40
시대의 흐름에 따라 문화도 변한다

베트남 호찌민에서 만난 엄마의 손맛 · 56
모든 문화는 존중받아야 한다

히잡에 대한 편견을 깬 인도네시아 자카르타 · 72
사람은 자기 문화를 통해 세상을 바라본다

인도 뭄바이의 뒤섞인 풍경 · 88
문화는 사람의 자유를 억압하기도 한다

네덜란드 암스테르담에서 겪은 포용과 차별 · 106
같은 문화권 안에도 다양한 사람이 있다

다시 한국으로 · 124
다른 나라의 문화를 알면 우리를 잘 알 수 있다

조선 이주민의 삶을 기록한 헨드릭 하멜 · 132
독후활동지 · 148

신기한 세계 문화 캠프
우리를 둘러싼 모든 것이 문화다

  8월 1일 여름 방학 첫날, 한강초등학교 게시판에 '교장 선생님의 강력 추천! 세계 문화 캠프' 모집 공고가 떴다. 1학기 내내 교장 선생님이 꼭 해 보라고 넌지시 말하던 프로그램이었다.

  진주는 게시글을 열어 보았다. 공고에 '세계 각국의 음식을 먹는다'는 글이 제일 먼저 눈에 들어왔다.

  '6박 7일 동안 세계 음식을 먹는다고?'

  꿀꺽, 침이 넘어갔다.

  진주의 꿈은 요리사다. 아빠가 하는 족발 배달 음식점 같은

 한강초등학교 자유게시판

교장 선생님의 강력 추천! 세계 문화 캠프

교장 선생님 | 조회 1207 | 추천 8

비밀 댓글 선착순 **3명**!
하우스 보트로 오세요.

6박 7일 동안
세계 각국의 음식을 먹으며
다양한 문화를 체험해요.

- **자격**: 한강초등학교 학생
- **날짜**: 8월 6일~8월 12일
- **참가비**: 무료
- **인솔자**: 헨드릭 하멜 선생님
- **장소**: 한강초등학교 뒤편 하우스 보트
- **모이는 날짜 및 시간**: 8월 6일 오후 1시

* 하우스 보트는 강가 같은 곳에 정박해 있는 작은 주거용 보트입니다.

데 말고, 진짜 근사한 레스토랑을 차리고 싶다. 세상의 다양한 요리를 먹어 보고 싶었는데 이렇게 세계 음식을 체험해 볼 기회가 오다니! 진주는 비밀 댓글로 신청부터 하고 얼른 집에 허락을 구했다. 참가비가 공짜라는 말에 진주보다 엄마 아빠가 더 좋아했다.

일주일이 훌쩍 지나 드디어 캠프를 떠나는 날이 왔다. 진주는 여행 가방을 다시 한번 살피고 아빠와 함께 집을 나섰다.
한강초등학교 뒤편에는 공원이 있고, 공원 너머에는 한강이 흐른다. 하우스 보트는 한강 변에 서 있었다. 바나나처럼 길쭉한 배 위에 직사각형 모양의 상자 같은 집이 놓여 있었다.
하우스 보트 앞에는 똥 머리 모양으로 머리를 올려 묶은 여자애가 할머니와 먼저 와 있었다.
할머니는 못마땅한 얼굴로 똥 머리 여자아이한테 말했다.
"하라야, 여자애가 무슨 캠프야. 남자애도 아닌데 6일씩이나 집을 비우고 싸돌아다닌다니."
똥 머리 여자아이는 못 들은 척 진주를 보고 웃었다.
"안녕, 난 오하라야. 너도 4학년이지? 복도에서 마주친 적 있는 것 같아."

진주가 마주 보며 인사했다.

"나는 진주야. 백진주."

보트 앞쪽 운전석에서 빨간 머리에 빨간 수염까지 달린 외국인 아저씨가 내려왔다. 아저씨는 한국말로 인사했다.

"안녕하세요, 헨드릭 하멜입니다."

하멜 선생님은 옷차림이 희한했다. 하얀 블라우스 위에 남색 조끼를 걸쳤고 무릎 밑으로 내려오는 짧은 바지를 입었다. 바지 아래로 하얀 스타킹이 보였고, 밑에 검은 가죽 구두가 반들반들했다.

하라네 할머니가 물었다.

"그 희한한 복장은 뭐요? 남자가 무슨 스타킹을 신고 그래."

"하하, 우리 네덜란드의 전통 복장이에요."

하라 할머니가 못마땅한 얼굴로 말했다.

"전통 복장이 원……. 여하튼 우리 하라 잘 부탁해요. 하우스 보트인지 뭔지는 걱정 안 해도 되겠죠?"

"그럼요. 제 고국인 네덜란드 암스테르담에는 운하마다 이런 하우스 보트가 흔하게 있답니다. 안으로 들어와 보시죠."

진주와 진주 아빠, 하라와 하라 할머니는 호기심 어린 눈으로 하우스 보트 안을 둘러보았다. 보트 내부는 진짜 집이랑 똑같았다. 거실 한가운데에는 4인 식탁과 색색의 의자가 놓여 있었다. 한쪽 벽에는 여러 나라 국기와 세계 지도가 붙어 있었고, 다른 쪽 벽 책꽂이에는 책들이 가득 꽂혀 있었다. 책꽂이 옆에는 아늑해 보이는 초록색 소파가 놓여 있었다. 거실 맞은편에는 냉장고와 조리대가 있는 부엌이, 그 뒤에는 침실이 두 개 보였다. 침실마다 작은 창이 있고, 창 옆에 이층 침대가 놓여 있었다. 배의 제일 뒤편에는 샤워실이 딸린 화장실이 있었다. 말 그대로 집

같은 보트, 보트 같은 집이었다.

"아이들은 5일 동안 세계 문화를 체험하고, 세계 각지의 음식을 먹을 겁니다. 참고로 휴대폰은 취침 전 자유 시간에만 쓸 수 있어요. 문화 체험을 하는 동안에는 쓰지 못합니다."

헨드릭 하멜 선생님의 말에 진주 아빠가 즐거워했다.

"좋은데요? 네덜란드에서 오신 선생님과 네덜란드 하우스 보트에서 지내는 것만으로도 좋은 추억이 되겠어요."

할머니도 안심하며 말했다.

"집 같은 배에서 그냥 맛난 것 먹으면서 세계 문화를 배운다는 거구만. 배는 한자리에만 있나?"

"아닙니다. 여기저기 옮겨 다니다 6일 뒤에 돌아옵니다."

진주 아빠와 하라 할머니는 잘 부탁한다고 당부하며 배를 떠났다.

마지막 참가자는 남자애였다. 안경을 쓴 아주머니랑 하우스보트 앞으로 걸어왔다. 그 아이는 아주머니를 뿌리치며 말다툼을 하더니 혼자서 배 위로 올라왔다. 안경 쓴 아주머니가 밖에서 헨드릭 하멜 선생님과 얘기하는 동안 초록 소파에 앉아 휴대폰으로 유튜브를 뒤적였다.

하라가 진주에게 말했다.

"백진주, 여기서 만나니까 재미있다. 우리 한 번도 같은 반이었던 적 없었잖아."

"응, 그러게."

그때 남자애가 삐죽 웃으며 끼어들었다.

"이름이 백진주? 흑진주 아님?"

진주는 얼굴을 찡그렸다. 진주의 피부는 다갈색이다. 그게 늘 마음에 걸렸는데, 콕 찍어 '흑'진주라고 하다니······.

"그렇게 부르지 마."

"왜? 흑진주."

"하지 마."

진주의 얼굴이 벌게졌다.

"싫어. 흑진주, 흑진주, 흑진주."

남자애가 계속 약 올렸다.

"흑진주, 너 진짜 까맘. 혹시 다른 나라 사람?"

진주의 얼굴이 딱딱하게 굳었다.

하라가 한심한 얼굴로 남자애를 쳐다봤다.

"네 이름부터 말하지 그래?"

"난 김반. 너희랑 같은 4학년."

이름을 들은 하라가 입꼬리를 올렸다.

"그래. 반갑다 김밥. 난 오하라야."

"김반이라고. 김, 반."

"그래. 김, 빱."

반이가 성큼성큼 걸어와 하라의 정강이를 찼다. 하라는 반이의 배에 주먹을 한 방 먹였다. 반이가 반격하려는 순간, 하멜 선생님이 들어왔다.

"얘들아, 싸운다면 이 캠프는 여기서 끝이야. 너희 모두 집으로 돌아가야 해."

하라와 반이는 서로를 노려보며 주먹질을 멈췄다. 썰렁해진 분위기 속에서 헨드릭 하멜 선생님이 인사했다.

"애들아, 반갑다. 나는 하멜 선생님이야. 세계 문화 캠프에 온 것을 환영한단다. 너희는 6일 동안 세계 여러 나라의 문화를 체험하게 될 거야. 먼저 이곳의 규칙을 알려 줄게. 첫째, 날마다 새로운 나라의 문화를 즐긴다. 둘째, 휴대폰 사용은 저녁 식사를 한 다음부터 자기 전까지 배 안에서만 한다."

하멜 선생님은 말이 끝나기 무섭게 진주, 하라, 반이에게서 휴대폰을 걷어 갔다. 진주와 하라는 우물쭈물 휴대폰을 냈고, 반이는 내면서도 계속 툴툴댔다.

휴대폰을 가져가더니 선생님이 갑자기 아이들한테 질문을 던졌다.

"얘들아, 1920년에 인도에서 늑대들과 같이 자란 소녀가 발견됐던 거 아니?"

"늑대 소녀요?"

"그래. 늑대 소녀는 사람이면서 늑대처럼 으르렁거렸고 네발로 걸어 다녔어. 나중에 사람들에게 발견되어 붙잡힌 뒤 두 발로 걷는 법과 글자를 배웠지만 제대로 익히지 못했어. 사람들과 평범하게 어울려 살아가지도 못했지. 왜 그랬을까?"

하라가 답했다.

"어릴 적에 사람이랑 못 살아서 그런가요?"

"이 캠프에서 너희는 다양한 문화를 체험하게 될 거야."

하멜 선생님이 말하자 반이가 주변을 돌아보며 으쓱거렸다.

"문화를 배 안에서 배움? 설마 6일 동안 세계 문화 책 읽고 발표하기? 어휴, 그건 아닌 듯."

선생님이 벽에 걸린 지도를 톡톡 쳤다. 한국, 일본, 중국, 베트남, 인도네시아, 인도, 네덜란드에 깃발이 꽂혀 있었다.

"우리는 이 보트를 타고 아시아를 거쳐 인도를 지나, 네덜란드까지 가서 여러 나라의 문화를 직접 겪고 올 거야."

"푸, 달나라는 안 가요?"

반이의 빈정거림에도 하멜 선생님은 태연했다.

"우린 제일 먼저 일본 나가사키로 갈 거야. 나가사키는 한국만큼 나에게 특별한 곳이거든."

"왜요?"

"지금으로부터 360년도 더 된 옛날에 나는 네덜란드 무역 회사에서 일을 했어. 나가사키로 가던 중에 폭풍우를 만나 배가 부서졌고 동료 선원들과 제주도로 떠밀려 갔지."

반이가 웃음을 참지 못하고 소파 위를 데굴데굴 굴렀다.

"360년 전이라니. 으하하하, 선생님 뱀파이어에요?"

하멜 선생님이 꿋꿋이 말했다.

"조선 관원들에게 나가사키로 보내 달라고 했지만 그때 조선에서는 조선 땅에 잘못 들어온 서양인을 밖으로 내보내 주지 않았어. 그래도 난 포기하지 않았지. 조선에서 산 지 13년이 되던 해 어느 밤, 동료들과 몰래 작은 고깃배를 타고 일본 나가사키로 향했어. 나가사키에서는 네덜란드 배가 오갔거든."

"성공했어요?"

"다행히 조선 바다를 무사히 빠져나와 나가사키로 가는 배를 탔단다. 거기서 인도네시아를 거쳐 네덜란드로 돌아갔지."

반이는 고개를 설레설레 저었다.

"에이, 거짓말을 하려면 더 그럴듯하게 하셔야죠."

하멜 선생님이 운항실로 나가며 씩 웃어 보였다.

"곧 믿게 될 거야."

보트에서 부릉부릉 소리가 났다. 그런데 보트는 앞으로 나아가지 않고, 바람개비처럼 뱅글뱅글 돌았다. 그렇게 한자리에서 기우뚱기우뚱 흔들거리더니 바닥이 덜덜덜 떨려 왔다. 덜덜덜 소파도 떨리고, 책꽂이에 있던 책들이 덜그럭덜그럭 튀어 올랐다. 흔들리는 속도는 갈수록 빨라졌다.

"엄마야, 무슨 일이야."

반이가 소파에 납작 엎드렸다. 진주와 하라는 쭈그려 앉아 서로 꼭 껴안았다. 창밖으로 하얀빛이 쏟아져 들어왔다. 하얀빛은 눈도 뜨지 못할 만큼 강렬해졌다. 세 아이는 눈을 꼭 감고 비명을 질렀다.

미리 보는 **세계 문화 교실**

가깝고도 먼 나라, 일본

우리나라와 역사적으로 얽힌 게 많은 나라, 일본! 음식, 만화, 종교, 축제 등 문화가 풍성한 나라예요. 기모노, 스모, 다도처럼 우리에게 친숙한 전통문화를 만나 볼 수 있지요.

- **면적**: 약 37.8만㎢(한반도의 약 1.7배)
- **인구**: 1억 2626만명
- **수도**: 도쿄
- **언어**: 일본어
- **종교**: 신도, 불교, 기독교 외
- **통화**: 엔

인사말 일본은 시간대마다 쓰는 인사말이 달라요~

아침: 오하이오

점심: 곤니치와

저녁: 곰방와

입헌 군주제
일본은 왕(王)인 '천황'이 존재하는 입헌 군주국이다.

기모노
소매가 길고 넓으며 옷 여러 벌을 겹쳐 입는 일본 전통 의상.

애니메이션 왕국
세계적인 애니메이션 강국! 디즈니와 쌍벽을 이루는 지브리 스튜디오와 〈우주소년 아톰〉을 만든 데즈카 오사무 감독이 유명하다.

신사
일본에는 조상이나 자연을 숭배하는 '신도'라는 고유 민족 신앙이 있다. 신사는 조상이나 수호신을 모시는 장소이다.

음식
일본은 식도락 문화가 발달했다. 돈까스, 소바, 초밥 등 우리나라에서 친숙한 음식도 많다.

서양으로 가는 일본의 관문, 나가사키

나가사키는 일본이 서양에 문호를 개방했을 때 진입로 역할을 했던 일본 최초의 개항지예요.
다양한 문화가 공존하는 이국적인 항구 도시이지요.

데지마(①) 바다에 흙을 쌓아 만든 섬. 19세기 외국인이 일본에서 무역 활동을 할 수 있던 유일한 지역으로, 네덜란드와 포르투갈 상인들이 섬 안에 지내며 일본과 교역을 했다.

나가사키 원폭 자료관(②) 1945년 8월 9일 원자 폭탄이 투하됐던 나가사키의 아픈 역사를 추모하기 위해 만든 박물관. 희생자의 소지품을 전시하고 희생자를 기리는 기념비를 세웠다.

카스텔라 포르투갈 선교사들이 나가사키에 들여온 빵. 겉은 금갈색을 띠며 속은 포슬포슬하고 달콤한 향기가 난다.

나가사키 짬뽕 돼지고기, 채소, 해물을 넣어 만든 흰색 국물의 짬뽕. 중국 요리에서 영향을 받았다.

하사미 마을(③) 나가사키 하사미 도자기 마을에서 나오는 그릇은 저렴하면서도 실용적이라 전 세계적으로 많은 사랑을 받고 있다.

이제 일본 나가사키로 출발~

카스텔라의 도시, 일본 나가사키
문화가 섞이며 새로운 문화가 만들어진다

하얀빛이 사라졌다. 진주는 감았던 눈을 떴다. 보트 밖으로 나가 보니 눈앞에 처음 보는 항구가 있었다. 하멜 선생님이 일본 나가사키에 도착했다고 외쳤다. 진주는 어리벙벙했다.

"여기가 나가사키라고?"

"말도 안 돼. 어떻게 눈 깜짝할 새에 일본으로 이동해?"

하멜 선생님이 껄껄 웃었다.

"이 하우스 보트는 특별한 배야. 바다나 강을 건너 공간 이동을 할 수 있단다."

하멜 선생님은 아이들에게 무선 이어폰을 나눠 줬다.

"모두 이 이어폰을 귀에 껴라. 전 세계 누구든 말이 통할 수 있게 해 주는 통역 이어폰이다."

공간 이동하는 배에 통역 이어폰이라니! 터무니없다고 말하기에는 눈앞의 풍경이 너무 생생했다.

일행은 나가사키 항구에 발을 디뎠다.

하멜 선생님은 항구 근처에 카스텔라 가게가 있는 걸 보고 반가워했다.

"얘들아, 저기 잠깐 들리자."

아이들은 선생님을 따라 카스텔라 가게 안으로 들어갔다. 가게 진열장 안에는 폭신폭신 맛있어 보이는 색색의 카스텔라가 놓여 있었다.

일본인 점원이 상냥하게 물었다.

"어떤 카스텔라를 드릴까요?"

점원의 말은 일본어인데 귀에는 한국어로 들렸다. 반이가 나서서 한국어로 말했다.

"누나. 내 말 들려요?"

"그럼요."

반이의 말이 일본어로 전달됐나 보다. 진주는 놀라서 하멜 선생님을 보았다. 선생님이 이어폰을 가리키며 눈을 찡긋했다.

"누나, 여기 카스텔라 맛있어요?"

반이의 말에 점원이 자신 있게 대답했다.

"나가사키는 카스텔라가 태어난 도시야. 400년 전쯤 나가사키에 들어온 포르투갈 사람들이 빵 만드는 법을 알려 줬는데, 그 방법을 바탕으로 우리나라에서 더 달콤하고 부드러운 카스텔라를 만들어 냈어. 나가사키에 온 사람들은 꼭 카스텔라를 찾아."

하멜 선생님이 카스텔라를 사며 아이들에게 말했다.

"문화는 이곳에서 저곳으로 전달되고 섞인단다. 두 개의 다른 문화가 만나면서 새로운 문화가 탄생하지."

하멜 선생님이 다음으로 아이들을 데리고 간 곳은 데지마였다. 담 위로 전통 가옥의 기와지붕이 나란히 보였다.

"데지마는 바다에 흙을 쌓아 만든 부채 모양의 인공 섬이야. 수백 년 전에 일본 정부는 유럽 상인들과 거래하려고 데지마를 만들었어. 일본과 무역을 하려는 유럽 상인은 데지마에서만 지낼 수 있었어. 유럽인들은 함부로 데지마를 나올 수 없었고, 일본인들은 함부로 데지마에 들어갈 수 없었지."

반이가 몸서리를 쳤다.

"눈앞에 일본 땅을 놔두고 저 안에만 있어야 했다고요? 답답해서 어떻게 지냈지?"

"유럽인들은 일본과 무역을 하기 위해 기꺼이 이곳에 머물렀어. 처음에는 포르투갈 상인들이 왔고, 나중에는 네덜란드 상인들이 와서 지냈어. 네덜란드 상인은 중국산 옷감, 상어 가죽, 후추와 설탕 같은 걸 일본에 팔고 일본에서 진주와 도자기 등을 사 갔어. 일본은 네덜란드를 통해 서양의 문물을 수입하고, 서양의 나라들이 어떻게 움직이는지 전해 들었지. 데지마로 들어오는 정보를 통해 세계의 흐름을 파악했단다."

수백 년 전에 이 작은 섬에서 일본과 네덜란드가 만났다니! 아이들은 신기했다.

데지마 안 곳곳에는 기와를 얹은 전통 건물이 있었다. 그 사이 골목길에 기모노 차림의 관광객들이 걸어 다녔다. 어딘가에 일본 전통 의상을 빌려주는 가게가 있었나 보다.

하멜 선생님이 커다란 집으로 아이들을 불렀다.

"얘들아, 여기는 카피탄 주택이야. 데지마에서 가장 지위가 높은 상인이 살았던 집이란다."

집안 2층에는 커다란 방이 있었다. 데지마에 머물던 네덜란드 사람들이 모여 식사를 하던 방이라고 한다. 방의 벽에는 화려한 벽지가 발려져 있었고 네덜란드에서 가져온 듯한 가구와 긴 식탁이 보였다. 식탁 위에는 음식 모형이 푸짐하게 놓여 있었다. 아이들은 일본 주택과 서양 가구의 조화가 신기했다. 이 방이야말로 일본과 유럽이 만나는 데지마의 모습을 잘 보여 주는 듯했다.

하멜 선생님이 말했다.

"데지마에서는 13년 만에 조선에서 돌아온 나와 동료들을 위해 환영회를 열어 주었어. 그토록 그립던 네덜란드 옷을 입고, 네덜란드 음식을 먹을 수 있었지. 먼 과거의 일이지만 내 마음속에선 기억이 생생하구나."

내내 조용히 있던 하라가 눈썹을 모으며 말했다.

"선생님, 그렇다 치고요……. 솔직히 첫 여행지가 꼭 일본이어야

했나요? 일본은 우리나라를 식민지로 삼아 고통을 준 나라잖아요. 이런 나라에서 배울 게 있나요?"

하멜 선생님이 대답했다.

"일본의 식민지 정책이 어디서 나왔는지 생각해 볼 수 있는 곳이 나가사키란다. 일본의 식민지 정책은 서구의 식민지 정책을 따르고 있어. 일본은 서구의 문물과 함께 서구 열강이 동아시아를 다루는 방식도 함께 들여왔지.

"그게 뭔데요?"

"백인으로 이뤄진 서양의 나라들은 예로부터 유색인을 낮추어 봤어. 아프리카, 아시아 인종을 미개하다고 여겼지. 자기들이 미개한 나라를 정복해 그 나라에 훌륭한 종교와 지식, 문물을 전했노라 스스로 금칠했단다. 서양을 중심에 놓고서 다른 나라를 침략한 것까지 훌륭한 일인 척 포장을 한 거야. 그런 서구 중심주의가 일본에 전해지며 일본의 식민지 정책에 영향을 미쳤어."

"어떻게요?"

"일본은 자기네가 아시아에서 최고라 생각했어. 발전한 일본이 열등한 조선을 발전시키는 거라고 식민지 정책을 포장했지. 일본인은 1등 국민, 조선인은 2등 국민이라며 조선인을 낮추고 무시했어. 서구 열강이 침략할 때 폈던 논리와 똑같아."

반이가 어깨를 으쓱이며 말했다.

"옛날 일인데 뭐. 지금은 안 싸우잖아. 안 싸우면 됐지."

하라가 허리에 양손을 얹고 외쳤다.

"지금 안 싸우면 전에 잘못한 일이 사라지냐? 일본은 자기네가 저지른 잘못에 대해서 아직 우리나라에 사과하지도 않았어. 알아? 일본은 잘못을 솔직히 인정하거나 사과하지 않은 나라야. 과거사를 제대로 반성하지 못하는 나라에 미래는 없어."

진주는 저도 모르게 감탄했다.

"하라야, 너 진짜 대단하다. 일제 강점기에 대해 어떻게 그렇게 잘 알아?"

"작년부터 역사 박물관에서 어린이 해설사로 봉사 활동을 하고 있어. 우리나라의 근현대 역사를 관람객에게 알려 주기 위해 공부를 많이 했지. 그런데 공부하면 할수록 일본에 화가 나더라."

하라의 얼굴이 진지했다. 진주는 하라가 달라 보였다.

데지마를 나오며 헨드릭 하멜 선생님이 저녁을 먹자고 했다.

"나가사키에 왔으니 나가사키에서 만들어진 나가사키 짬뽕을 먹자."

일행은 앞에 빨간 등이 주렁주렁 달린 나가사키 짬뽕집을 찾아 들어갔다.

"나가사키는 여러 나라 사람들이 모이는 항구였단다. 1800년대 말에 중국에서 온 요리사가 나가사키에 살던 중국인들을 위해 해산물이 들어간 나가사키 짬뽕을 만들었어. 하얀 고기 국물에 고기, 해물, 채소 등을 넣은 짬뽕이야."

"나가사키는 세계의 음식이 섞이는 곳이구나."

진주가 중얼거렸다. 진주는 새로운 음식의 탄생 이야기를 들을 때면 저절로 가슴이 두근거렸다.

"서로 다른 문화가 만나는 곳에서는 이쪽에서 저쪽으로 문화가 전달되며 새로운 음식, 새로운 예술 등이 생겨난단다. 중국, 일본의 도자기는 유럽에서 커다란 인기를 끌었어. 내 고향 네덜란드의 델프트 블루 도자기는 일본과 중국의 청화백자 기술을 따라 만들었어. 오늘날 유럽 도자기의 조상은 동양의 도자기야."

하라가 말했다.

"일본 도자기는 조선에 빚이 있어요. 임진왜란 때 끌려간 조선의 도공들이 일본 도자기를 발전시켰으니까요."

"맞아. 한반도에 중국 청자가 전해지고, 고려는 그걸 독창적으로 발전시켜 고려 상감 청자를 발명했어. 고려의 기술은 조선에 전해졌지. 조선의 도자기가 일본에 전달되고, 일본과 중국의 도자기가 유럽에 전달되고……. 도자기는 이리저리 퍼지면서 각 나라의 고유한 문화와 섞여 새롭게 계속 태어났어. 도자기는 나라마다 시대마다 다른 모양과 특징을 가진단다."

진주의 얼굴에 웃음이 어렸다.

"재미있어요. 퍼지고, 섞이고, 변화하는 문화!"

어느덧 날이 어두워졌다.

아이들은 하우스 보트로 돌아온 뒤 하멜 선생님에게 휴대폰을 돌려받았다. 선생님은 전 세계 어디에 있든 이 배 안에 있으면 전화와 인터넷이 다 연결된다고 했다.

진주는 엄마 아빠와 통화를 했다. 일본에 와 있다고 하자 엄마는 웃었고 아빠는 "어, 그래." 하고 건성으로 대답했다. 역시 안 믿을 줄 알았다.

하라는 할머니와 영상 통화를 했다.

"할머니."

"우리 강아지. 아픈 데는 없고? 여자애가 무슨 겁도 없이 집 떠나서 고생을 하니."

"으이구, 할머니는 만날 여자애가, 여자애가. 엄마랑 아빠는요?"

"기다려 봐."

하라네 엄마 아빠가 화면 안으로 들어와 손을 흔들었다.

"하라야, 재미있게 놀다 와."

반이는 초록 소파에 앉아 이어폰을 낀 채 휴대폰으로 음악을 들었다. 반이의 휴대폰 진동이 울렸다. 반이는 얼굴을 찡그리며 전화를 받았다.

"엄마, 왜요?"

반이가 퉁명스럽게 말했다.

"몰라, 나 바빠요. 끊어."

전화를 끊은 반이가 발을 쾅 구르더니 소파에 벌렁 드러누웠다. 하라가 진주에게 소곤소곤 말했다.

"쟤네 엄마, 왕 짜증 나시겠다."

헨드릭 하멜 선생님이 식탁에 네모나게 자른 카스텔라 접시를 놓았다.

"얘들아, 카스텔라 먹자."

반이는 안 먹는다며 이어폰을 낀 채 게임만 했다.

진주와 하라는 식탁에 앉았다. 속이 노란 카스텔라를 한 조각씩 잘라 입에 쏙 넣었다. 폭신폭신 달콤한 맛이 입안을 채웠다.

진주는 내일이 기대됐다.

'다음엔 어느 나라로 갈까?'

미리 보는 세계 문화 교실

거대한 대륙의 나라, 중국

우리나라와 서쪽 바다를 사이에 두고 있는 나라, 중국! 세계에서 인구가 가장 많고 땅덩어리도 거대한 대륙이지요. 경제적으로 빠르게 성장해 모두가 주목하는 강대국이기도 해요.

- **면적**: 약 960만㎢(한반도의 약 44배)
- **인구**: 약 14억 5만 명(대만, 홍콩, 마카오 제외)
- **수도**: 베이징
- **언어**: 중국어(지역에 따라 다름)
- **종교**: 불교, 천주교, 기독교, 이슬람교 외
- **통화**: 위안

인사말

니하오 (안녕하세요)
짜이찌엔 (안녕히 가세요)

사회주의 공화국 중국의 정식 명칭은 '중화인민공화국'이다. 공산당이 집권하는 사회주의 국가이나 개혁 개방 정책을 통해 경제 발전을 꾀했다.

치파오 청나라 여성들이 입던 전통 의상. 지금은 서양 의상의 영향을 받아 소매와 몸통이 좁은 원피스처럼 생겼다.

한자 사물의 모양을 본떠서 만든 상형 문자. 글자 수도 많고 역사도 긴 문자이다.

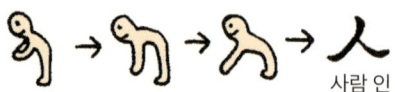
사람 인

삼국지 과거 삼국 시대를 배경으로, 유비, 관우, 장비 등 영웅이 등장하는 중국의 유명한 역사 소설. 현대에는 게임, 만화, 영화 등으로 많이 나왔다.

유네스코 세계 유산 거대한 장성, 궁궐, 무덤 등 세계적으로 손꼽히는 문화 유적지가 많다.

만리장성

자금성

진시황릉

세계 무역의 중심지, 상하이

상하이는 한자로 상해(上海), 즉 '바다로 나아가다'라는 뜻을 지녔어요.
과거 서구와 무역을 할 수 있도록 개방한 항구 도시예요.
수많은 외국 기업과 금융 기관이 자리 잡으며 지금은 중국 최대 경제 중심지가 됐어요.

와이탄(❶) 개방 이후 영국인들이 이룬 마을. 서양식 건축물과 전기, 전차 등 근대 문물이 들어온 지역이다.

대한민국 임시 정부 청사(❷) 3·1 운동 이후 우리나라가 조직적으로 광복을 꾀하기 위해 세운 임시 정부의 청사. 아직까지 그대로 보존되고 있다.

동방 명주 탑(❸) 기둥에 구슬 세 개를 꿰어 놓은 형태의 탑. 세계에서 다섯 번째로 높은 건물로 푸동 금융 지역 중심에 있다. 상하이의 밤을 물들이는 영롱한 야간 조명이 유명하다.

샤오룽바오 고기, 채소와 진한 국물이 들어간 상하이식 만두. 살짝 식혀서 국물부터 빨아 먹는 것이 요령이다.

우육면 소고기와 사골, 각종 향신료를 넣고 푹 끓인 중국의 대표적인 면 요리이다.

다음은 중국 상하이로!

 ## 중국 상하이의 과거와 미래
시대의 흐름에 따라 문화도 변한다

보트를 감싼 하얀빛이 사라졌다. 두 번째 이동이었다.

하멜 선생님의 목소리가 들려왔다.

"얘들아, 중국 상하이에 도착했다. 여기는 상하이의 황푸강이야."

하라와 진주, 반이가 상하이를 보러 갑판으로 뛰어나갔다. 하멜 선생님이 아이들에게 말했다.

"중국 청나라가 어떻게 외국에 문을 열었는지 아니?"

하라는 진주와 반이를 보았다. 진주는 어깨를 으쓱였고, 반이는 도리질했다. 하라는 아쉬운 기분이 들었다. 우리 역사는 잘 아는데 세계 역사에 대해서는 아는 게 별로 없었다.

"옛날에 서양에서는 청나라와 무역을 하고 싶어 안달했단다. 청나라의 도자기, 공예품, 비단과 차에 푹 빠졌지. 하지만 청나라는 외국 배가 항구에 들어오지 못하게 막고, 정해진 항구에서 하루에 몇 척의 배만 들어와 무역을 하도록 했어. 청나라 사람들은 서양의 물건에 별 관심이 없었거든. 중국에 물건을 팔아 돈을 벌고 싶었던 영국은 궁리 끝에 나쁜 짓을 생각해 냈어. 아편이라는 강력한 마약을 청나라에 팔기 시작한 거야."

하라가 얼굴을 찡그렸다.

"영국이 청나라에 아편을 팔았다고요? '신사의 나라'라는 영국이? 진짜로요?"

반이가 찝찝한 얼굴로 말했다.

"드라마에서는 나쁜 사람들이 마약을 팜. 아주 나쁜 짓임."

"그러게 말이다. 아편에 중독된 청나라 사람들은 결국 아편 없이 살 수 없게 되었어. 재산을 모두 팔아 아편을 사려고 했지. 깜짝 놀란 청나라 정부가 아편을 금지하자 영국은 왜 금지를 하냐며 청나라에 쳐들어갔어. 영국의 함대를 이기지 못한 청나라는 아편 전쟁에서 진 대가로 서양에 강제로 항구를 열어야 했어. 1843년에 상하이를 포함해 다섯 개 항구를 열어 서양의 배가 드

나들도록 했지."

하멜 선생님이 나가자고 손짓했다. 아이들은 선생님을 따라 강변으로 갔다. 강을 따라 아름다운 서양식 건물이 늘어서 있었다.

"여기는 와이탄 지역이야. 영국은 와이탄 지역에 영국인 마을을 만들었어. 당시 와이탄 지역은 눈부시게 반짝였어. 서양의 오락거리가 쏟아져 들어오며 댄스홀, 극장, 공원, 경마장, 레스토랑 등이 만들어졌지. 거리에 세워진 서양식 건물 사이로 노면 전차(도로에 설치한 레일 위를 다니

와이탄의 현재

는 전차)와 자동차, 서양식 옷을 입은 사람들이 지나다녔어. 중국의 전통과 서구 문물이 섞여 특별한 매력을 뽐냈지."

하라가 말했다.

"그리고 상하이는 대한민국 임시 정부가 있어서 더 특별한 도시에요!"

"그래. 상하이에 있는 대한민국 임시 정부가 바로 오늘 가려는 곳이야. 중국 문화도 중요하지만 한국의 역사에 뜻깊은 유적지를 빼놓을 수는 없지."

늘 사진으로만 보던 곳에 직접 가게 되다니, 하라는 가슴이 쿵쾅쿵쾅 뛰었다.

일행은 지하철을 타고 신톈디역에서 내렸다. 역을 나와 거리로 걸어갔다. 저 앞쪽 노란 간판에 '대한민국 임시 정부 유적지'라는 글씨가 보였다.

반이는 어깨를 축 늘어뜨리며 앓는 소리를 냈다.

"에이, 저 볼품없는 건물이 대한민국 임시 정부야?"

하라가 대꾸했다.

"누구보다 어려운 상황에서 독립운동을 했다는 증거야."

대한민국 임시 정부 앞에서 하라는 떨리고, 안타깝고, 자랑스러운 기분이 들었다. 다른 나라의 골목 한 귀퉁이에 초라하게 서 있는 것이 안타까우면서도 어려운 일제 강점기 시절, 다른 나라에서 독립을 위해 투쟁한 독립 운동가들의 흔적이라 먹먹하게 다가왔다. 하라는 크게 심호흡을 하고 가슴을 폈다.

"얘들아, 이번엔 내가 이곳에 대해 설명할게."

하라는 대한민국 임시 정부를 향해 손을 뻗었다.

"여러분, 조선이 일본의 식민지가 된 뒤 1919년에 3·1 운동이 일어났습니다. 3·1 운동은 해외에 흩어져 있던 독립 운동가들의 마음을 하나로 모았습니다. 그리하여 1926년 상하이에 대한민국 임시 정부 청사를 세울 수 있었습니다. 이 당시 일본은 승승장구하며 중국과의 전쟁을 통해 야금야금 중국 땅을 차지하고 중국 정치에 간섭을 했습니다. 김구 선생님과 윤봉길 의사는 일본의 힘을 꺾기 위해 독립 의거를 계획했습니다."

진주, 반이, 하멜 선생님이 귀를 기울였다.

"윤봉길 의사는 상하이 공원 행사에 참여한 중요한 일본인들에게 도시락 폭탄을 던져 의거에 성공했습니다. 이 의거는 대한민국의 독립운동을 세계에 알렸고, 대한민국 임시 정부의 힘을 보여줬습니다. 독립운동의 불길도 활활 타오르게 했습니다. 뿐만 아니라 일본의 침략에 저항하는 중국 사람들의 가슴에도 용기를 불어넣었습니다. 이만 해설을 마칩니다."

하라가 인사했다.

진주가 하라를 놀란 눈으로 보며 입을 벌렸다.

"와!"

반이가 끄덕였다.

"오하라, 인정. 대단한 선생님이셔."

"뭐?"

"장난. 방금 좀 괜찮았다."

유적지 안에는 빛바랜 태극기가 걸려 있었다. 하라는 낡은 태극기를 두 눈에 가득 담았다.

'김구 선생님도, 윤봉길 의사도 대한민국 하늘에 저 태극기가 펄럭이길 얼마나 바랐을까?'

대한민국 임시 정부 건물을 둘러보고 나와서 점심을 먹으러 가기로 했다.

"다들 출출하지? 상하이 요리를 먹으러 가 볼까?"

일행은 식당을 찾아 거리를 걸었다. 진주는 주변을 돌아보다 식당 앞에 서 있는 여자아이와 눈이 마주쳤다. 중국 전통 의상인 치파오를 입은 여자아이가 일행을 향해 손을 흔들었다.

"안녕, 난 밍밍이야. 우리 집에서 파는 샤오룽바오 맛있어. 먹어 보면 깜짝 놀랄걸."

진주가 하멜 선생님을 보았다.

"선생님, 샤오룽바오가 뭐예요?"

"만두의 한 종류란다."

"만두요? 한국에도 만두는 많은데요. 군만두, 찐만두, 김치 만두, 고기만두……."

밍밍이 당차게 말했다.

"만두의 원조는 중국이야. 만두가 처음에 어떻게 생겼게?"

일행이 밍밍을 쳐다봤다.

"옛날 삼국 시대에 제갈공명이 전쟁에서 승리하고 강에 이르렀는데 강바람이 너무 세서 강을 건널 수가 없었어. '강의 신'의 마음을 풀어 주려면 사람을 제물로 바쳐야 했지. 제갈공명은 사람 대신 사람 머리 모양의 만두를 정성껏 빚어 제사를 지냈어. 그랬더니 파도가 가라앉고 강물이 고요해졌대."

"사람 머리 대신 만두를 빚은 거네?"

진주가 말했다.

밍밍이 보조개를 보이며 생긋 웃었다.

"맞아. 중국 만두는 본래 만두피가 두툼해. 그런데 100년 전쯤 상하이에서 중국 전통 만두를 개량해 만두피가 얇은 새로운 상하이식 만두를 만들었어. 이 만두의 이름이 샤오룽바오야."

일행은 밍밍네 식당에 들어갔다. 새우 샤오룽바오, 돼지고기 샤오룽바오, 소고기 샤오룽바오, 그리고 소고기와 사골로 국물을 낸 우육면을 시켰다.

밍밍과 밍밍의 엄마가 대나무 찜통에 담긴 샤오룽바오를 날라 왔다. 샤오룽바오를 입에 넣은 진주가 깜짝 놀랐다.

"으아, 뜨, 뜨거! 안에 국물이 있어."

밍밍이 얼른 말했다.

"조심해. 샤오룽바오 안에는 뜨거운 국물이 있어. 숟가락에 샤오룽바오를 올리고 젓가락으로 만두피를 찢으면 따뜻한 국물이 나와. 국물을 먹은 다음 나머지를 먹으면 돼."

진주는 배운 대로 샤오룽바오를 먹었다.

"츕츕."

국물을 빨아 먹고 나머지를 먹었다. 고소한 만두 맛이 입안에 퍼졌다.

"맛있어!"

아이들의 젓가락질이 점점 빨라졌다. 식탁 위에 있던 만두와 우육면이 순식간에 사라졌다.

하라가 하멜 선생님에게 물었다.

"선생님, 샤오룽바오는 100년 전에 만들어진 만두인데 전통 음식이라고 할 수 있나요? 나가사키 카스텔라도 그렇고……. 전통이라 부르기엔 역사가 너무 짧은 거 아닐까요?"

하멜 선생님이 하라를 보았다.

"하라야, 김치가 언제부터 만들어졌는지 알고 있니?"

하라가 자신만만하게 대답했다.

"엄청 오래됐어요. 고조선 시대에는 여러 가지 채소를 소금에 절여 먹었어요. 옛날에는 김치가 하얬는데 조선 시대 임진왜란 때에 고추가 들어온 뒤부터 빨갛게 김치를 담갔어요."

하멜 선생님이 말했다.

"맞아. 하지만 배추김치의 역사는 그보다 짧아. 요즘 같은 배추가 김치의 주재료가 된 지 100년밖에 안 되었다고 하거든. 그러니 배추김치는 100년쯤 전부터 담갔다고 볼 수 있어."

생각보다 짧은 배추김치의 역사에 아이들이 깜짝 놀랐다.

하멜 선생님이 말했다.

"우리는 전통문화가 수천수만 년 전부터 고정되어 있었다고 생각하곤 해. **문화가 고정되어 있다는 생각은 큰 착각이야. 문화는 시대에 따라 변화하고 있어.** 과거의 전통에 새로운 것이 섞이면서 변화가 일어나지."

하라는 문득 떠오르는 생각이 있었다.

"우리 할머니가 그러셨어요. 김치가 갑자기 고급스러운 음식이 됐다고요. 옛날에는 김치를 그냥 먹었는데, 요즘에는 김치를 우리 고유의 전통 음식으로 귀하게 여겨서 신기하대요."

"인터넷을 보면 김치를 담그는 외국인들도 있음. 이제 김치는 세계적인 건강식품."

반이가 말했다.

"김반. 너는 김치보다 햄버거를 더 좋아하지 않아?"

하라가 물었다.

"패스트푸드는 사랑, 김치는 일상. 난 고추장 버거, 김치 떡볶이, 김치 핫도그 이런 거 새로 나오면 꼭 사 먹음."

진주는 깐족대는 반이가 싫었지만 새로운 음식 얘기에 호기심이 일었다.

"김반, 그런 음식이 있어?"

반이가 턱을 살짝 치켜들며 말했다.

"맨날 같은 햄버거만 먹으면 질림, 안 질림? 김치, 고추장같이 새로운 걸 넣어서 색다른 맛이 탄생하는 거지. 요즘 김치랑 고추장이 힙해. 궁금하면 인터넷으로 검색해 봐."

하멜 선생님이 말했다.

"음식에 대한 문화적 의미도 시대에 따라 달라져. 만두를 변형

한 샤오룽바오가 생겨나고, 김치가 늘 먹던 흔한 음식에서 세계 사람들이 찾는 건강식품으로 바뀌고, 김치를 넣어 만든 퓨전 음식이 인기를 끌고. 문화는 늘 변하고 있단다."

아이들은 하멜 선생님과 보트 근처로 돌아왔다. 보트에선 와이탄 맞은편의 풍경이 보였다.

반이가 소리쳤다.

"저기 강 건너편 보여? 탑일까? 구슬 꿰 놓은 것처럼 생겼는데 엄청 높아."

하라가 감탄했다.

"뒤에 있는 빌딩들도 무지 높다!"

헨드릭 하멜 선생님이 말했다.

"저 강 건너편은 푸동 지역이야. 구슬을 꿴 신기한 모양의 탑은 상하이의 진주라고 불리는 동방 명주 탑이란다. 468미터로 세계에서 다섯 번째로 높은 탑이라고 하지. 푸동 지역은 중국 금융의 중심지, 아찔하게 높은 건물들이 많이 있어. 여기서 황푸 공원까지 걸어가서 푸동의 야경을 보고 배로 돌아가자."

일행이 강변을 걷는 동안 날이 서서히 어두워졌다. 밤이 내려올수록 사람들의 수가 점점 더 늘어났다. 황푸 공원에도 사람들이 가득했다.

"우리처럼 강 건너 푸둥의 밤 풍경을 마음에 담아 가려는 사람들이 많구나. 푸둥은 낮보다 밤이 더 아름답단다."

조금 있다 푸둥 빌딩 숲에 불이 들어왔다. 동방 명주가 보랏빛 빛을 냈고, 다른 빌딩들은 겉면에 가로세로 환한 빛의 띠를 둘렀다. 다른 세상에 온 것처럼 신비한 풍경이었다.

아이들은 푸둥 지역의 풍경을 홀린 듯 바라보았다.

"1980년대까지 푸둥 지역에는 논밭밖에 없었단다. 그런데 불과 수십 년 만에 아름다운 밤 풍경을 비추는 도시 숲이 되었어. 나는 아시아 최고의 국제도시인 상하이의 과거, 현재, 미래가 이 풍경 속에 담겨 있다고 생각해."

하멜 선생님이 말했다.

하라는 현재의 상하이를 보며 과거의 상하이를 떠올렸다.

'세상은 어떤 역사를 품고 변화해 왔을까?'

옆에서 진주가 나지막이 중얼거렸다.

"문화는 고정된 것이 아니야. 세상은 끝없이 변하고 있어."

밤바람이 부드럽게 등을 쓸어 주었다.

미리 보는 세계 문화 교실

강인한 나라, 베트남

베트남은 오랜 세월 동안 외세의 침략을 받아 왔어요. 하지만 외세의 힘에 굴하지 않고 끊임없이 저항하며 자신들의 자주권을 지켜 냈지요. 베트남은 미국을 상대로 이긴 유일한 나라이기도 하답니다.

- **면적**: 33.1만 ㎢(한반도의 1.5배)
- **인구**: 9740만 명(주 베트남 대한민국 대사관, 2021)
- **수도**: 하노이
- **종교**: 불교, 천주교 등
- **언어**: 베트남어(공용어)
- **통화**: 동

인사말

신 짜오 (안녕하세요)

오토바이 오토바이의 나라, 베트남은 전체 오토바이 수가 약 2천만 대다. 거의 한 가구당 한 대꼴로 갖고 있는 셈이다.

쌀 농업은 오랫동안 베트남 경제의 기반이었다. 특히 쌀농사가 발달해 베트남은 현재 세계 3대 쌀 수출국이다.

아시아 3대 요리 신선한 재료와 다양한 향신료로 맛을 내는 베트남 요리는 아시아 3대 요리로 손꼽힐 정도다. 특히 쌀과 국수를 주식으로 많이 먹는다.

베트남 커피 프랑스 식민지 때 커피 농장이 생기며 세계 2위 커피 생산국이 됐다. 연유를 타서 마시는 커피 쓰어 다가 유명하다.

논(Non) 야자나뭇잎으로 만든 베트남의 전통 모자. 넓은 챙으로 햇빛이나 비를 막는다. 남녀노소 가릴 것 없이 즐겨 쓴다.

투쟁의 역사가 깃든 도시, 호찌민

호찌민은 베트남에서 가장 큰 도시로, 베트남의 해방과 통일의 역사가 깃들었어요.
베트남의 독립운동을 이끈 호찌민을 기리기 위해 그의 이름을 따서 지었어요.

구찌 터널(❶) 베트남 전쟁 시절에 만든 땅굴이다. 군사력이 우세한 미군을 이기기 위해 베트남인들은 좁은 길로 이뤄진 긴 땅굴을 파서 게릴라전을 벌였다.

노트르담 대성당(❷) 프랑스 식민지 시절 들어선 프랑스식 건축물. 화려한 스테인드글라스와 높다란 첨탑이 특징이다. 건너편에 파리 에펠탑의 건축가 에펠이 지은 호찌민 중앙 우체국도 있다!

반미 쌀 바게트 안에 고기와 야채를 끼운 베트남식 샌드위치. 프랑스 음식의 영향을 받아 만들어졌다.

코코넛 주스 열대 기후의 더운 날씨 때문에 베트남에선 코코넛과 얼음을 갈아 만든 주스를 많이 마신다.

무어 로이 느억 '물에서 춤추는 인형들'을 뜻하는 베트남어로, 인형과 연결된 대나무 막대를 물속에서 움직이는 수상 인형극이다. 농민들이 논에서 농사를 하다 처음 공연하기 시작한 것으로 추정된다.

베트남 호찌민으로 가 볼까?

베트남 호찌민에서 만난 엄마의 손맛
모든 문화는 존중받아야 한다

　아이들이 모두 잠들어 있는 이른 아침, 하멜 선생님의 하우스보트가 베트남 호찌민의 사이공강으로 이동했다. 제일 먼저 눈을 뜬 아이는 진주였다. 진주는 선실로 난 창밖을 내다보곤 벌써 다른 도시에 와 있다는 걸 알았다. 진주가 거실로 나오자 커피를 마시고 있던 하멜 선생님이 빙긋 웃었다.
　"일찍 일어났네? 베트남 호찌민에 온 걸 환영한다. 호찌민은 동양의 파리, 동아시아의 진주라고 불리는 도시야."
　진주는 눈을 깜박였다. 동아시아의 진주라는 말이 가슴에 콕

박혔다. 아직 캠프에 와서 말한 적은 없지만 베트남은 엄마의 고국이었다. 진주의 엄마는 시골에서 호찌민으로 올라와 회사를 다녔다고 했다. 엄마가 진주라는 이름을 지어준 건 호찌민이 그리워서였는지도 모른다.

진주는 창밖으로 낯선 도시 호찌민을 바라보았다.

곧 잠에서 깬 하라와 반이가 비척비척 거실로 나왔다. 하라는 하품을 하며 이를 닦으러 갔고, 반이는 투덜댔다.

"베트남은 우리나라보다 가난한 나라 아님? 선생님, 여기서 무슨 문화를 배워요?"

진주의 얼굴이 붉어졌다. 반이가 진주한테 뭐라고 한 것도 아닌데 어깨가 움츠러졌다.

하멜 선생님이 말했다.

"가난한 나라, 부자 나라는 영원한 게 아니야. 대한민국은 한국전쟁으로 모든 게 부서졌을 때 세계에서 가장 가난한 나라 중 하나였어. 미국의 원조로 밀가루를 배급받으며 살아야 할 정도였지. 그렇게 가난했을 때는 한국에 고유한 문화가 없었을까? 경제가 발전하고 나서야 문화가 생겼을까?"

반이가 입을 비쭉였다.

"문화가 왜 없다 생김? 한 나라의 문화는 오래전부터 이어져 오는 거죠. 저도 그쯤은 알아요."

"똑같아. 베트남에도 오래전부터 이어져 온 베트남만의 문화가 있어. 세계 곳곳의 수많은 문화에는 1, 2등이 따로 없어. 저마다 고유한 문화로 존중받아야 해."

반이가 입을 부루퉁히 내밀었다.

진주는 강물을 보며 곰곰이 생각했다.

'저마다 고유한 문화라……'

준비를 마친 아이들은 하멜 선생님과 배에서 내려 길을 걸었다.

진주가 길모퉁이에 있는 노점상을 찾아냈다. 한 아주머니가 작은 조리대 위에서 쌀국수를 만들고 있었다. 그 앞쪽에는 손님들이 앉아서 식사할 수 있도록 등받이 없는 파란 의자와 테이블이 놓여 있었다.

"어서들 와요. 아침은 역시 쌀국수로 시작해야지."

아이들이 우르르 의자에 앉았다.

아줌마가 흰 쌀 면을 따뜻한 국물에 말아 주었다. 반이는 국수를 한 입 먹고는 맛있다며 그릇째 들고 국물을 후루룩 마셨다.

"우아, 이거 무엇임? 국물이 맛있어. 면은 쫄깃!"

하라가 쌀국수 위에 얹어진 나물에 코를 대고 킁킁거렸다.

"이 나물에서 특이한 향이 나는데?"

진주가 말했다.

"고수라는 향신료야. 베트남 음식에는 고수가 많이 들어가."

하멜 선생님이 덧붙여 말했다.

"고수는 세계적으로 많이 즐기는 향신료란다. 한국에서도 요새 많이들 찾고 있어. 먹다 보면 입맛이 절로 당기지. 진주야, 쌀국수 국물은 뭐로 만드는지 아니?"

"그건 잘 모르겠어요."

"소뼈로 낸 국물이야. 100년 전쯤 프랑스 식민지 시절일 적에 프랑스 야채 수프를 변형해서 쌀 면을 넣어 만든 게 베트남 쌀국수라고 해."

하라가 눈을 빛냈다.

"베트남 문화와 프랑스 문화가 만나면서 쌀국수가 탄생했구나. 쌀국수에 식민지 역사가 담겨 있을 줄 몰랐네요."

아침을 먹는 동안 도로가 점점 복잡해졌다. 도로를 달리는 오토바이가 자동차보다 많았다. 하멜 선생님은 오토바이가 베트남에서 가장 널리 쓰이는 교통수단이라고 했다. 진주는 오토바이를 타고 달리는 사람들을 보며 엄마를 떠올렸다.

'어쩐지. 엄마가 오토바이를 잘 타는 이유가 있었어.'

진주 엄마는 이루 말할 수 없이 씩씩한 사람이다. 지금은 아빠가 하는 족발 가게에서 배달을 도맡아 한다. 오토바이를 타고 베트남을 누볐을 엄마를 생각하니 기분이 새로웠다.

'동양의 파리'라는 이름답게 호찌민 거리 사이사이에는 식민지 시절 세워진 프랑스식 건물이 남아 있었다. 아이들은 파리 느낌이 물씬 나는 노트르담 대성당으로 갔다. 호찌민 노트르담 대성당은 프랑스에서 직접 가져온 붉은 벽돌을 한 장 한 장 쌓아 17년에 걸쳐 만든 성당이라고 한다. 길 건너편에는 노랗게 칠한 호찌민 중앙 우체국이 있었다. 파리 에펠 탑으로 유명한 건축가 귀스타브 에펠이 설계한 건물이었다. 그리고 호찌민 오페라 하우스를 지나서 마지막으로 간 곳은 호찌민 인민위원회 청사였다. 식민지 시절 프랑스 사람들이 모임을 갖던 공회당 건물에 이제 베트남 국기가 펄럭이고 있었다.

걷다 보니 날이 점점 더워졌다. 하멜 선생님이 시계를 보았다.

"애들아, 오늘 우리는 투어 버스를 타고 호찌민에서 두 시간 거리에 있는 구찌 터널로 갈 거야. 여행사 사무실 근처로 가자."

하멜 선생님이 사무실에 가 구찌 터널 투어 버스표를 끊어 왔다. 떠나기 전에 점심으로 근처 가게에서 샌드위치와 코코넛 주스를 샀다.

"이건 프랑스 음식의 영향을 받아 만든 베트남 샌드위치 반미

야. 밀로 만든 길쭉한 프랑스 바게트 대신에 쌀로 손바닥만한 바게트를 만들고 그 안에 볶은 돼지고기와 야채를 넣었단다."

진주는 반미를 한가득 물었다. 엄마가 만들어 주던 바게트 샌드위치랑 비슷한데, 빵이 더 맛있었다.

'와! 엄마가 빵집에서 파는 큰 바게트를 왜 싫어하나 했더니, 베트남 쌀 바게트가 훨씬 부드럽고 고소하네.'

반이는 샌드위치를 한입 크게 물고 외쳤다.

"소스 맛이 특이함. 근데 왜 맛있지?"

하라가 말했다.

"코코넛 주스도 처음인데 새콤하고 달콤해."

아이들은 시끌벅적 점심을 먹고 구찌 터널로 가는 관광버스에 올랐다. 가이드 선생님이 베트남의 역사를 설명해 줬다.

"제2차 세계 대전이 끝난 뒤 프랑스 식민지에서 벗어난 베트남은 강대국들의 이권 다툼 때문에 남베트남과 북베트남으로 갈라졌습니다. 이때 남베트남에서 내전이 벌어졌습니다. 베트콩이라 불리는 남베트남 해방군이 북베트남의 지원을 받아 남베트남 정부를 몰아내려 했습니다. 그러자 미군이 남베트남 정부를 도와 베트콩과 싸웠고, 나중에는 '남베트남 정부와 미군 편' 대 '북베트남 정부와 베트콩 편' 간의 전쟁이 되었습니다. 전쟁에서 패한 미군이 결국 베트남에서 물러났고, 그 뒤 베트남은 북베트남에 의해 통일을 이루었습니다."

가이드 선생님은 자부심 어린 얼굴로 미국이 진 최초의 전쟁이 베트남 전쟁이라고 했다.

두 시간쯤 달려 구찌 터널에 도착했다. 가이드 선생님은 정글 안에 있는 땅굴 입구로 안내했다.

"구찌 터널은 베트콩이 미군과 싸우기 위해 만든 곳입니다. 땅굴 안은 아주 좁아서 걷기가 힘듭니다. 조심해서 내려가세요."

안은 컴컴했지만 군데군데 조명이 있어서 다닐 만했다. 일행은 땅굴 안을 엉금엉금 기어갔다.

진주가 말했다.

"너무 좁다. 나도 겨우 지나갈 정도야."

어느새 몸이 땀으로 범벅이 됐다. 답답하고 힘들었다. 얼마나 들어갔을까, 드디어 넓은 공간이 나왔다. 앞서가던 반이가 주머니에 숨겨

베트남 전쟁 역사 교실

베트남은 1883년부터 프랑스의 식민 지배를 받았어요. 운동가이자 혁명가이던 호찌민을 포함해 베트남의 사회주의 세력은 베트남 북쪽에 민주 공화국을 세우고, 프랑스를 상대로 8년간 독립 전쟁을 벌였어요.

1954년 베트남은 전쟁에서 승리했지만 미국을 비롯한 서양의 강대국은 베트남이 사회주의 국가가 되는 것을 막고 싶어 했어요. 그래서 베트남을 남과 북으로 갈랐지요.

북베트남

남베트남

남베트남에는 미국의 지원을 받는 정권이 들어섰고, 북베트남은 호찌민이 통치를 했어요. 외국 세력을 몰아내고 싶어 하는 베트콩(베트남 민족 해방 전선)은 남쪽에서 게릴라 활동을 벌였어요. 미국은 남베트남 정권을 돕기 위해 군대를 보냈어요.

미군이 온다!

났던 애벌레를 하라의 발밑에 떨어뜨렸다.
"으악!"
하라가 소리를 지르며 물러나다 뒤통수를 굴에 부딪혔다.
"아, 야야. 김밥!"
반이가 후다닥 도망쳤다. 하라가 따라가 반이의 엉덩이를 찼다. 반이가 털썩 주저앉았다. 그 순간 박쥐가 휙 날아올랐다. 놀란 반이가 머리를 붙잡고 웅크렸다. 박쥐가 애벌레를 움켜쥐고 홀연히 날아갔다.
가이드 선생님이 말했다.
"놀랐지? 이 안에는 박쥐가 살고 있어."
길고 긴 땅굴에서 나오자 온몸이 땀으로 젖어 있었다.
버스를 타고 다시 호찌민으로 돌아오는 길에 모두 짧은 단잠에 빠졌다.

호찌민 시내로 돌아와서 일행은 수상 인형극 극장으로 갔다.
"수상 인형극은 천 년 전에 만들어진 독특한 인형극이란다. 옛날에는 야외에서 가림막을 치고 공연을 했다고 해."
아이들은 연못처럼 네모난 수상 무대를 신기한 눈으로 보았다. 무대 위에는 색색의 나무 인형들이 있었다.

"우아! 저 인형들은 어떻게 움직이는 거예요?"

"저 뒤쪽 무대에 인형 조종사가 있어. 인형 뒤에는 긴 대나무 막대와 끈이 붙어 있어. 인형 조종사들은 허리까지 잠기는 물속에서 막대와 끈을 움직이고 당겨 인형을 조종한단다."

곧 아름다운 연주와 함께 공연이 시작되었다. 음악과 노래, 인형이 수상 무대에서 어우러졌다. 나무 인형은 물 위에서 움직이며 찰랑찰랑 아름다운 물결을 만들었다. 나무 용이 물에서 훌쩍 튀어나와 불을 뿜고, 물소와 소년 인형, 농사짓는 농부 인형, 낚시하는 어부 인형, 고운 선녀 인형들이 움직이며 이야기를 전했다. 아이들은 입을 떡 벌린 채 공연에 빠져들었다.

"나 베트남이랑 너무 잘 맞음. 수중 인형극 최고. 쌀국수랑 반미도 다 내 스타일. 역시 내 입맛은 글로벌."

하우스 보트로 돌아온 반이가 외쳤다.

하라는 방석을 품에 안으며 말했다.

"아까 구찌 터널에서 느꼈어. 베트남도 대단하다고. 난 식민지에서 벗어나기 위해 끊임없이 독립운동을 한 우리나라 역사가 자랑스러워. 근데 베트남도 만만치 않더라. 베트남 사람들이 목숨을 걸고 나라를 지켰기 때문에 지금의 베트남이 있는 거겠지?"

진주는 호찌민에서의 하루가 다른 어느 곳에서 보낸 시간보다 소중하게 느껴졌다. 가깝다고 생각해 본 적 없던 엄마의 나라에서 엄마가 해 주던 쌀국수와 반미를 먹었다. 베트남 문화는 멀리 있는 게 아니었다. 진주는 자기도 모르는 새 엄마를 통해 베트남 문화를 만나고 있었다.

'세상에는 저마다의 문화가 있어. 하멜 선생님 말이 맞아. 문화에는 1등도, 2등도 없어.'

진주의 마음에 용기가 솟았다.

"김반, 아까 나한테 다른 나라 사람이냐고 물었지? 나는 한국인이야. 그런데……."

진주는 멈칫했다. 다행히 목소리가 많이 떨리진 않았다.

"여기는 우리 엄마의 나라야. 그러니까 내 안에는 베트남, 한국이 같이 있어."

진지해진 진주에 반이가 당황했다.

"어? 그래? 난 그냥 장난이었……."

반이의 표정이 꼭 실수하고 혼나는 강아지 같았다. 일부러 고약하게 놀리는 애는 아니었나 보다.

진주는 엄마를 떠올렸다. 엄마는 딱 봐도 다른 나라 사람같이 생겼다. 큰 눈에 쌍꺼풀이 있고, 코는 도톰하다. 피부가 까무잡잡

하고 키가 작다. 진주보다 한국말도 서투르다. 진주는 그런 점이 싫었다. 남들과 다르게 느껴져서. 실은 베트남어와 한국어를 다 할 수 있고, 한국 음식이랑 베트남 음식을 다 잘 만들고, 오토바이도 멋지게 모는 엄마인데…… 진주에게 누구보다 다정한 엄마인데 말이다.

진주는 반이를 향해 빙긋 웃었다.

"김반, 우리 엄마 쌀국수 엄청 맛있다. 난 집에서도 쌀국수 매일 먹을 수 있어."

긴장했던 반이의 얼굴이 풀어졌다.

"어, 음. 좋아. 아니 좋겠다. 나도 먹고 싶음. 아니 사 먹고 싶음. 어디서 팔지?"

반이가 횡설수설하자 하라가 깔깔 웃으며 말했다.

"진주야, 쌀국수 먹는 날 나도 불러 주라. 응?"

진주가 크게 고개를 끄덕였다.

미리 보는 세계 문화 교실

천 개의 얼굴을 지닌 **인도네시아**

인도네시아는 열대 우림인 크고 작은 섬들이 모여 있는 나라예요. 섬마다 몇백 종족이 모여 고유한 문화와 전통을 지키며 살고 있어, 천 개의 얼굴을 지닌 나라라고도 하지요.

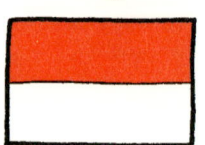

- **면적**: 190만㎢(한반도의 약 9배)
- **인구**: 2억 7020만 명
- **수도**: 자카르타
- **종교**: 이슬람, 개신교, 천주교, 힌두교, 불교 외
- **언어**: 인도네시아어(공용어)
- **통화**: 루피아

인사말

슬라맛 시앙~ (안녕하세요)

이슬람교 인도네시아는 이슬람 교도가 가장 많은 나라다. 이슬람 여성은 원래 히잡을 쓰지만, 인도네시아는 히잡 착용에 있어서 자유로운 편이다.

진짜 줄~

KOMODO

코모도왕도마뱀 코모도섬에 사는, 길이가 3미터가 넘는 대형 도마뱀이다. 도마뱀이 사는 코모도 국립 공원은 1991년 유네스코 세계 자연유산으로 지정됐다.

섬 크고 작은 섬들로 이뤄진 세계 최대 섬나라! 우리나라에선 발리섬이 관광지로 인기가 많다.

섬 부자

와룽 인도네시아에서 흔히 볼 수 있는 간이음식점. 나시고랭, 미고랭 등 동남아식 볶음밥과 볶음면을 주로 판다.

다양한 문화가 공존하는 도시, 자카르타

북쪽 자바섬에 있는 자카르타에는 수많은 민족의 전통문화가 숨 쉬고 있어요. 한편 네덜란드가 식민 지배를 했던 흔적이 고스란히 남아 있는 도시이기도 한답니다. 이슬람 사원과 카톨릭 성당이 마주 보는 풍경을 볼 수 있을 만큼 서로 다른 문화가 조화를 이루지요.

코타 투아(❶) 17세기 유럽의 아시아 무역을 주도한 동인도 회사의 중심지였다. 약 400년의 네덜란드 식민지 역사를 지닌 유적지다. 당시에 '바타비아'라고 불렸으며 붉은 벽돌 건물 등 네덜란드의 옛 모습이 그대로 남아 있다.

이스띠꾸랄 이슬람 사원(❷) 세계에서 세 번째로 큰 사원. '이스띠꾸랄'은 아랍어로 '자유' 또는 '독립'을 뜻한다. 건너편에는 유럽 건축 양식을 따온 자카르타 대성당을 볼 수 있다.

파당 요리 인도네시아 서부 수마트라 지역의 민족 요리다. 쌀밥을 담은 큰 접시와 열 가지가 넘는 각종 반찬이 나온다. 동남아시아 특유의 향신료, 매운 고추, 코코넛 밀크가 많이 들어가는 것이 특징이다.

와양 쿨릿 스크린 뒤에서 램프를 키고 인형을 움직이는 그림자극이다. 관객석에선 희미한 그림자 윤곽만 보이지만 사실 모든 인형에 색이 칠해져 있다. 내세의 화려한 색채를 객석인 이승에선 볼 수 없다는 철학이 담겨 있다.

코피 루왁 커피 열매를 먹은 사향고양이의 배설물에서 원두를 꺼내 볶은 커피. 세계에서 가장 비싼 커피다! '코피'는 인도네시아어로 커피, '루왁'은 사향고양이를 뜻한다.

파당의 달인~

그냥 커피 한 잔에 4000원   코피 루왁 한 잔에 50만 원

인도네시아 자카르타로 가자! ➡

# 히잡에 대한 편견을 깬 인도네시아 자카르타

사람은 자기 문화를 통해 세상을 바라본다

하우스 보트는 인도네시아 자바섬에 있는 자카르타 바닷가로 이동했다. 안쫄 항구에 배를 댄 하멜 선생님이 아침으로 네덜란드 와플을 구워 줬다.

"오늘은 너희가 가고 싶은 곳을 직접 정해 봐라."

반이는 어제 인터넷으로 검색해 둔 게 있다. 천년의 역사를 가진 인도네시아의 그림자극을 꼭 보고 싶었다. 진주와 하라는 인도네시아에 대한 책을 읽으며 무얼 할지 의논했다.

"인도네시아는 열 명 중에 여덟 명이 이슬람교래. 그리고 이슬람 여자들은 머리에 히잡을 쓴대."

"스카프처럼 머리에 두르는 거? 더운데 답답하겠다."

"그리고 인도네시아가 네덜란드의 식민지였던 거 있지. 우리 식민지 유적을 보러 가자."

"하라야, 점심으로 인도네시아식 미니 뷔페 파당 가는 건 어때? 파당 먹고 싶어!"

반이는 기회를 잡아 끼어들었다.

"인도네시아에 전통 그림자극이 있음. 어때?"

"보자!"

하라가 계획표를 적었다.

아이들이 짠 계획표를 보며 하멜 선생님이 만족스러워했다.

"좋은걸. 네덜란드 식민지 유적지부터 보자."

항구로 나온 선생님은 들뜬 목소리로 말했다.

"얘들아, 내가 네덜란드 무역 회사의 직원이었다고 했지? 그 회사의 정식 이름은 네덜란드 동인도 회사야. 나는 조선을 탈출해 나가사키를 거쳐 이곳 자카르타로 왔다가 네덜란드로 돌아갔어. 자카르타에 네덜란드 무역 회사의 아시아 본부가 있었거든."

"조선에 13년이나 있었으면 회사에서는 죽었다고 생각했을 것 같아요."

"맞아. 내가 살아 돌아오니 고향에선 깜짝 놀라했지. 나는 밀린 월급을 받기 위해 나가사키에 머무는 동안 어떻게 폭풍우를 만났고, 조선에서 어떻게 살았는지 꼼꼼하게 보고서를 썼어. 보고서는 유럽에서 책으로 출판까지 되었단다. 어쩌다 보니 서양인들에게 조선의 낯선 문화를 알리는 책이 되었지. 내가 쓴 《하멜 표류기》는 조선을 유럽에 최초로 알린 책이야."

반이가 말했다.

"하멜 선생님, 진짜 뱀파이어심?"

"하하."

아이들은 하멜 선생님과 '올드 바타비아'라고 불리는 유적지 코타 투아로 향했다. 바타비아는 네덜란드 식민지 시대 때 불렸던 자카르타의 이름이라고 한다. 이곳에는 비어 있는 붉은 벽돌 건물이 많았다.

"이 건물들은 창고야. 예전에는 창고마다 유럽으로 싣고 갈 물건이 그득했어. 저 광장에 서 있는 건물은 네덜란드 동인도 회사의 아시아 본부야. 지금은 역사 박물관으로 바뀌었구나."

하라가 하멜 선생님의 옆구리를 손가락으로 쿡 찔렀다.

"네덜란드의 식민지 지배로 인도네시아 사람들이 고통을 겪었

겠네요?"

하멜 선생님이 뜨끔한 얼굴로 한숨을 쉬었다.

"으흠, 그래. 그랬단다. 인도네시아에서는 귀한 향신료가 많이 났어. 유럽에 싣고 가면 향신료를 금으로 교환할 수 있었지. 그래서 인도네시아 사람들에게 강제로 후추, 육두구, 정향 같은 향신료와 설탕을 만드는 사탕수수, 커피 등을 키우도록 했어. 인도네시아 사람들은 힘들게 향신료를 키워 헐값에 동인도 회사에 넘겨야 했어. 설상가상으로 벼농사를 짓지 못해서 굶주림에 시달렸지. 이제 와 생각해 보면 부끄러운 일이야."

그때 진주가 한 파당 식당을 가리키며 말했다.

"우리 저기로 가요."

식당의 진열대에는 먹음직스러워 보이는 음식이 커다란 접시들에 그득그득 쌓여 있었다.

"전통 방식으로 먹으면 여러 종류의 반찬이 한꺼번에 상 위에 올라온단다. 요즘에는 자기가 먹고 싶은 밥과 반찬을 골라서 담아 먹고 그만큼 계산하는 방식으로 달라졌지만, 원하면 전통 방식대로 먹을 수 있어. 어떻게 할까?"

선생님의 말이 끝나기 무섭게 진주가 외쳤다.

"선생님, 전통 방식으로 먹어 봐요. 다 먹고 싶어요!"

인도네시아 음식을 한꺼번에 맛볼 기회이니 흥분할 만도 했다.

하멜 선생님은 전통 방식으로 파당을 시키고 접시 물에 손 씻는 법을 보여 줬다.

"얘들아, 이 물은 밥 먹는 오른손을 닦는 물이야. 이슬람에서는 반드시 오른손으로 밥을 먹는단다."

"국물이 있는 음식은 어떻게 자기 그릇에 옮겨요?"

"공용 숟가락으로 자기가 먹을 만큼만 그릇에 덜어 먹으면 돼. 얘들아, 혹시 손으로 먹는 게 어려우면 숟가락과 포크를 달라고 부탁할 수 있어."

진주와 하라는 손으로 먹겠다고 했다. 반이도 오른손을 번쩍 들며 "도전!" 하고 외쳤다.

종업원이 스무 가지나 되는 음식을 식탁 앞에 쌓아 놓았다. 먹음직스러운 닭 꼬치와 염소 꼬치, 노릇하게 튀겨진 두부 튀김과 생선 튀김, 국물이 있는 소고기 찜, 닭이 들어간 커리, 갖가지 국물 요리, 여러 가지 나물 반찬⋯⋯. 신나는 식사가 이어졌다. 꼭 작은 파티를 여는 것 같았다.

식사가 끝날 즈음 반이는 엄마와 온 듯한 옆자리 여자애와 눈이 마주쳤다. 여자애는 히잡을 쓰지 않고 머리를 귀엽게 묶고 있었다. 여자애가 명랑하게 말했다.

"안녕, 난 마야야. 혹시 한국 사람이니? 나 한국 드라마 좋아해. 〈슬기로운 문화생활〉 봤어?"

반이가 반갑게 말했다.

"너도? 이번에 시즌 2가 끝나서 너무 아쉬움. 시즌 3이 나올지 말지는 내년에 정해진대."

반이와 마야는 한국 드라마 얘기로 한참을 떠들었다. 하라가 슬그머니 끼어들었다.

"마야야, 너는 왜 히잡을 안 썼어?"

"엄마랑 언니는 히잡을 쓰지만 난 별로 쓰고 싶지 않아. 우리

할머니도 안 쓰는걸."

히잡을 쓴 마야의 엄마가 옆에서 말했다.

"내가 젊을 때는 다들 티셔츠에 청바지나 치마 차림으로 다녔어. 그 뒤로 오히려 히잡을 쓰는 사람이 점점 많아졌지."

"정말요?"

"호호. 나는 대학에서 이슬람교에 대해 진지하게 생각해 보면서 히잡을 쓰기 시작했어. 그때는 몇몇 대학생만 히잡을 썼기 때문

에 주변에서 신기하게 볼 정도였단다. 요즘에는 히잡을 쓰는 사람들이 아주 많아졌어. 그래도 히잡을 쓰고 벗는 건 우리의 자유야."

그러고 보니 길거리에도 히잡을 쓰지 않은 사람들이 많이 있었다. 진주는 궁금했다.

"아줌마, 머리를 다 가리면 갑갑하지 않으세요?"

"글쎄. 히잡은 나의 종교적 신념이면서 나를 드러내는 의상이야. 옷과 히잡의 색을 맞춰서 멋지게 두르고 다니면 나는 기분이 좋아."

마야가 끼어들었다.

"엄마 옷 방에는 색색의 히잡이 많아. 첫째 언니가 슬며시 빌려 가 두를 정도야."

식사를 마친 마야와 마야 엄마가 식당을 나가자 진주와 하라가 앞다투어 말했다.

"와, 충격이야. 나는 히잡을 억지로 써야 하는 건 줄 알았어. 그게 아니라니."

"히잡은 여자들의 자유를 억압하는 복장 아니었어?"

하멜 선생님이 말했다.

"반드시 히잡을 써야 하는 나라도 있어. 오늘날 이란의 여자들은 히잡을 의무적으로 써야 할 뿐 아니라 사회적으로 차별을 받고 있어. 이란에서는 여자의 목숨값이 남자의 절반이라고 법으로 정해 놓을 정도야. 심지어 남자는 자유롭게 이혼을 요구할 수 있지만 여자는 이혼하자고 할 권리가 없어. 이런 나라가 있기 때문에 이슬람교를 믿지 않는 대부분의 서구권 나라들은 히잡이 이슬람 여성의 자유를 억압하는 복장이라고 생각해."

"인도네시아는 안 그렇잖아요?"

반이가 말했다.

"맞아. 인도네시아 여성들이 그렇듯이 전 세계 모든 이슬람 여자들이 히잡 때문에 자유를 억압받는 건 아니야. 이슬람 문화는 나라마다 다른 모습을 가지고 있어. 히잡은 종교에 대한 신념을 담는 다양한 옷차림 중 하나야. 이슬람 여성을 히잡에서 무조건 해방해야 한다는 시각으로 보는 건 그 문화에 대해 편견을 갖고 있는 거야. 우리는 종종 다른 문화에 대해 잘 알지 못하면서 편견을 가지고 바라보곤 한단다."

진주의 얼굴이 붉어졌다.

"저도 지금까지 히잡을 무조건 안 좋은 문화라고 생각했어요. 저한테도 편견이 있었나 봐요."

하멜 선생님이 진주의 어깨를 가볍게 두드렸다.

"'다른 평원에 다른 메뚜기가 산다.'라는 인도네시아 속담이 있어. 지방마다 나라마다 문화가 다르고 그 문화를 겪으며 우리는 저마다 다른 인간으로 성장해. 우리는 세상을 있는 그대로 보고 있다고 생각하지만 그건 착각이야. **누구나 자기가 속한 문화에서 태어나 자기 문화로 세상을 보는 방식을 배우며 자란단다.** 그렇게 다른 문화에 대한 편견이 생기는 거지."

"좀 어려워요."

"미국에서는 쌀을 '라이스'라고 하지? 그런데 한국에서는 어느 때는 '쌀'이라고 하고, 어느 때는 '벼'라고 하고, 어느 때는 '밥'이라고 해. 쌀을 먹는 문화가 발달했기 때문에 때에 따라 쓰는 말이 다양한 거야. 하지만 미국인에게는 다 똑같은 라이스로 보일 뿐이지. 자기가 태어나고 자란 문화에서는 그걸 라이스라고 부르니까. 사람은 자기가 보는 방식이 정답이라고 생각하지만, 사실 그건 세상을 바라보는 수많은 방식 중 하나일 뿐이야. 우리는 누구나 편견을 가질 수밖에 없다는 걸 인정하면서 각자의 문화를 이해하고 존중하도록 노력해야 해."

진주는 고개를 끄덕였다.

이제 전통 그림자극 '와양 쿨릿'을 볼 차례였다.

"그림자극은 천 년 전쯤에 생겨났어. 불빛을 비추는 하얀 스크린 천 뒤에서 한 조종사가 수십 개의 납작한 인형을 조종해서 공연을 해. 이 조종사는 인형들의 감정과 대사를 실감 나게 연기하고 노래도 부른단다."

아이들은 하멜 선생님과 와양 박물관 극장으로 가 그림자극을 보았다. 스크린에 비친 그림자 인형들이 만드는 이야기에 푹 빠졌다. 왕자가 도깨비를 잡으러 나설 때는 주먹을 꽉 쥐고, 왕자가 도깨비를 물리칠 때는 통쾌해했다. 왕자와 공주가 만날 때에는 숨죽이며 지켜봤다.

그림자극을 보고 나온 일행은 인형 박물관 안을 둘러봤다. 진주가 그림자극을 할 때 쓰는 인형들을 보며 말했다.

"왜 이렇게 예쁘게 칠했을까요? 관객 쪽에서는 잘 보이지도 않는데."

"관객이 보는 스크린 앞면의 검은 그림자는 우리가 살아가는 현세를 뜻하고, 스크린 뒷면에 있는 화려한 인형의 모습은 죽은 뒤의 세계를 뜻해. 이승인 객석에서는 내세를 나타내는 스크린 뒤편의 화려한 색채를 볼 수 없다는 거지. 그림자극에는 삶과 죽음에 대한 철학이 담겨 있단다."

하라가 물었다.

"관광객 말고 인도네시아 사람들도 그림자극을 많이 보나요?"

"그럼. 요즘 그림자극은 사람들이 쉽게 즐길 수 있도록 전보다

짧게 공연하는 경우가 많아. 신화나 전설뿐 아니라 창작 이야기도 그림자극으로 올린단다. 더 많은 사람이 쉽게 즐길 수 있게끔 변화해 나가고 있지."

반이가 말했다.

"우리나라 판소리도 원래 무지하게 길었음. 그런데 지금은 짧게도 공연을 많이 함. 판소리에 현대 음악을 더한 퓨전 국악도 하고."

하라가 놀라서 물었다.

"네가 그런 걸 어떻게 알아?"

반이가 턱을 비스듬히 치켜들었다.

"인터넷. 퓨전 국악이 요즘 대세임."

"오호, 밤마다 휴대폰 붙들고 뭐하나 했다. 개똥도 약에 쓴다더니."

하라의 말에 반이가 하라의 어깨를 툭 쳤다.

"오하라. 말 한마디로 천 냥 빚 벌었음. 좋냐?"

진주가 말했다.

"너희 둘, 고래 싸움에 공룡 등 간지럼 태우는 거 아니지?"

셋은 피식피식 웃으며 서로를 보았다. 누가 먼저랄 것 없이 웃음을 터트렸다.

미리 보는 세계 문화 교실

과거와 현재가 공존하는 나라, 인도

인도는 고대서부터 내려오던 종교 힌두교를 따르는 나라예요. 긴 세월 동안 전통을 따랐지만 IT 강국인 데다 활발하게 영화를 제작하는 현대적인 국가이기도 합니다.

- **면적**: 약 330만㎢ (한반도의 약 15배)
- **인구**: 약 13억 6천만 명
  (주 인도 대한민국 대사관, 2021)
- **수도**: 뉴델리
- **종교**: 힌두교, 이슬람교, 기독교, 시크교, 불교, 자이나교 외
- **언어**: 힌디어, 영어
- **통화**: 루피

인사말

나마스테 (안녕하세요)

사리 인도 여성들이 입는 전통 의상. 한 장의 긴 천으로 몸을 휘감고 머리에 뒤집어쓴다. 화려한 색감과 자수 장식이 특징이다.

힌두교 고대 인도의 '브라만교'가 각지 민간 신앙을 흡수하며 생긴 종교다. 여러 신을 섬기며, 생의 업보에 따라 다시 태어난다는 윤회 사상을 믿는다.

발리우드 천여 편의 영화가 나오는 세계 최대 영화 산업 국가!

소 인도 거리에서 종종 볼 수 있다. 힌두교에선 소를 신성하게 여기기 때문에 자동차도 소가 지나가면 멈춰서 기다린다.

IT 강국 세계 2위 소프트웨어 수출 국가! 매년 뛰어난 IT 인재를 배출한다.

빛과 어둠의 도시, 뭄바이

인도 서부 항구 도시이며 국제 공항이 있어요. 경제적으로 무척 발달했지만, 빈민촌이나 야외 빨래터 등이 즐비해 인도의 어두운 이면을 볼 수 있는 곳이기도 하지요.

도비 가트(❶) 뭄바이에서 가장 크고 오래된 야외 세탁소. 커다란 콘크리트 빨래통이 있다. 고용된 빨래 일꾼 도비 왈라들이 매일 아침 4시부터 오후 6시까지 한 명당 400벌 정도를 빤다고 한다.

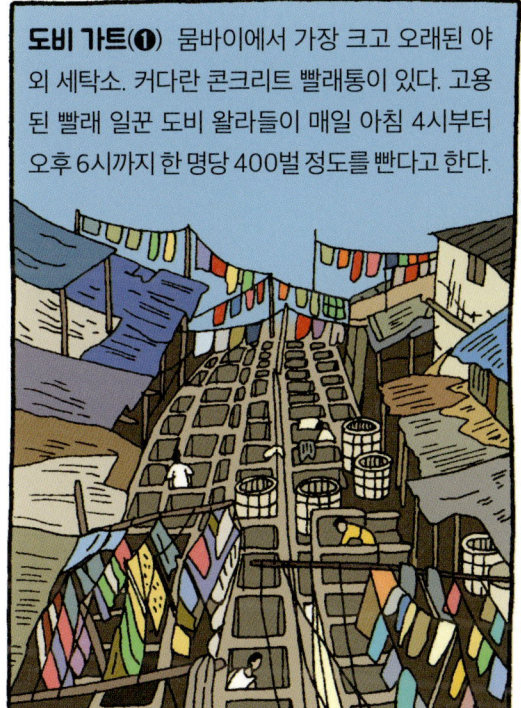

간디 기념관(❷) 과거 독립운동의 중심지였던 뭄바이에서 간디가 본부로 이용하고 이후 체포됐던 장소. 현재 간디를 추모하는 기념관으로 보존되고 있다.

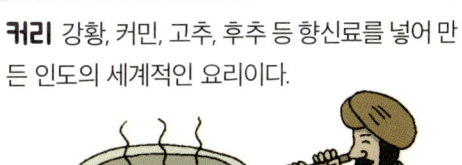

커리 강황, 커민, 고추, 후추 등 향신료를 넣어 만든 인도의 세계적인 요리이다.

라씨 걸쭉한 요구르트, 물, 소금, 향신료를 섞어 거품을 낸 인도의 전통 음료이다.

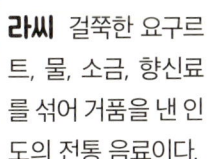

다음 여행지는 인도 뭄바이~

인도 뭄바이의 뒤섞인 풍경
문화는 사람의 자유를 억압하기도 한다

하멜 선생님의 하우스 보트가 하얀빛을 뿜으며 이동했다. 이번에 도착한 곳은 바다와 접한 인도의 도시 뭄바이였다.

하멜 선생님이 거실로 들어왔다.

"오늘의 목적지인 인도는 중국과 함께 아주 오래전에 문명이 시작된 곳이야. 여러 작은 나라들이 뭉쳤다 갈라졌다 다시 뭉치고 갈라지며 고유의 문화를 만들어 왔단다. 18세기부터 서양 여러 나라의 침략을 받은 인도는 결국 영국의 식민지가 되었다가 1947년에 독립했어."

반이는 창밖을 보며 감탄했다. 코앞에 화려하고 웅장한 건물들이 보였다.

"창밖에 보이는 건 타지마할 호텔과 '게이트웨이 오브 인디아'라는 기념문이란다. 기념문은 영국의 왕이면서 인도의 왕을 겸한 조지 5세가 인도를 방문한 걸 기념하기 위해 만든 문이야. 밖으로 나가자."

진주는 튀어 나가듯 하우스 보트를 뛰쳐나갔다. 항구에는 티셔츠, 청바지 차림인 사람들과 인도의 전통 복장인 사리를 입은 사람들이 뒤섞여 있었다. 뒤따라 나온 하라와 반이도 북적이는 사람들을 구경하느라 고개가 휙휙 돌아갔다.

그때 인도 여자애 둘이 진주를 보고 소곤댔다.

"쟤 피부 봐. 환해. 어느 나라에서 왔을까?"

"언니가 물어봐."

"싫어. 쑥스러워. 나도 저런 피부가 갖고 싶다."

"나도."

인도 여자애들의 진한 피부는 건강해 보였고, 쭉 뻗은 눈썹 아래 커다란 눈은 다정해 보였다. 그런데도 진주의 피부를 흘깃대며 부러워했다.

사리를 입은 자매의 엄마가 아이들을 불렀다. 아이들이 뛰어가서 다행이었다. 진주의 얼굴이 화끈화끈 달아올랐기 때문이다.

하멜 선생님이 다가와 말했다.

"인도에서는 흰 피부인 여자를 미인으로 쳐. 그래서 인도 여자들은 피부를 희게 만들려고 노력한단다."

진주의 피부는 인도 여자애들에 비하면 연하다. 하라는 진주보다 연하고, 반이는 하라보다 연하다. 하지만 희멀개 보이는 반이도 하멜 선생님이랑 비교하면 인절미와 백설기였다. 진주는 마음속으로 사람들을 피부색에 따라 줄을 세워 보다가 화들짝 놀랐다.

'누구보다 하얗다, 누구보다 진하다고 줄을 세워서 뭐해? 인도 여자애들은 흰 피부를 좋아하는 문화 속에서 자랐기 때문에 잠깐 나를 부러워한 것뿐이야. 반이가 하라보다 잘났고, 하라가 나보다 잘났고, 내가 인도 여자애들보다 잘났다고 할 수 있어? 고작 피부 때문에? 피부는 사람의 가치를 결정하지 않아.'

사소한 사건이 진주에게 중요한 답을 찾아 주었다.

'맞아. 피부색은 중요하지 않아. 내 피부는 아무렇지 않아.'

진주는 크게 숨을 쉬었다. 무언가 조금 달라진 기분이 들었다.

하멜 선생님이 도로로 나가 오토 릭샤를 잡으며 외쳤다.

"얘들아, 도비 가트로 가자. 도비 가트는 세계에서 가장 큰 야외 세탁소야."

하멜 선생님은 운전수 옆에 타고, 아이들은 뒷자리에 우르르 올라탔다. 오토릭샤는 장난감처럼 생긴 오토바이 삼륜차로 앞바퀴가 하나였고 뒷바퀴가 두 개였다.

"손님들, 도비 가트를 잘 볼 수 있는 다리로 안내해 드릴게요. 도비 왈라들이 일하는 모습을 한눈에 볼 수 있어요."

"네. 고맙습니다."

진주가 물었다.

"선생님, 도비 왈라는 직업 이름인가요?"

"빨래하는 세탁부를 도비 왈라라고 한단다. 세탁부들은 호텔, 병원, 학교 같은 데서 빨래를 한꺼번에 받아와 빨고, 널고, 다리고, 배달해."

운전수 아저씨가 갑자기 무시하는 말투로 얘기했다.

"도비 왈라는 불가촉천민이에요."

운전수 아저씨는 일행을 큰 다리 위에 내려 줬다. 다리 아래쪽 도비 가트 풍경은 기념문이 있던 화려한 해안가 풍경과 전혀 달랐다. 양철 지붕으로 된 판잣집 사이로 빨래를 담그는 커다란 세탁 통이 여기저기 보였다. 촘촘히 묶여 있는 빨랫줄에는 색색의 빨래가 나부끼고 있었다.

하라가 하멜 선생님에게 물었다.

"선생님, 저기 빨래를 널고 있는 사람들이 도비 왈라예요? 불가촉천민이란 게 뭐예요?"

"인도에는 카스트라는 신분 제도가 있어. 인도 정부는 1947년에 카스트를 없앴지만, 여전히 지금도 부모에서 자식에게로 카스트가 내려오고 있어. 브라만이 제일 높은 계급이고, 다음이 크샤트리아, 다음이 바이샤, 다음이 수드라란다. 불가촉천민은 카스트에도 속하지 못하기 때문에 사람 취급을 받지 못해."

반이가 얼굴을 찡그렸다.

"사람인데 사람 취급을 못 받아요?"

"그래. 불가촉천민은 대를 이어 가장 더럽고 천한 일을 해 왔어. 길거리를 청소하고, 하수구를 치우고, 시체를 치우고, 동물을 죽여 가죽과 고기를 얻는 일 등을 한단다. 불가촉천민은 인도 전역에서 차별을 받으며 가난하게 살고 있어. 카스트 계급의 사람들은 불가촉천민을 죽이거나 때려도 큰 처벌을 받지 않아."

뒤에서 조용히 듣고 있던 진주가 머뭇머뭇 물었다.

"선생님, 인도 신분제 카스트는 인도의 고유한 문화죠?"

"맞아."

"다양한 문화를 존중해야 한다는 건 알아요. 하지만 모든 인간이 먼저 존중받아야 하지 않을까요?"

"여러 나라의 고유한 문화는 그 자체로 중요한 가치를 지니지만, 그렇다고 그 문화가 꼭 옳다거나 그 문화를 무조건 따라야 한다는 뜻은 아니야. 인도 안에서도 카스트에 대해 고민하는 사람들이 많아. 카스트를 무작정 따르는 사람, 카스트를 야비하게 이용해 불가촉천민을 괴롭히는 사람도 많지만 카스트가 옳지 않다고 여기고 따르지 않으려는 사람도 많지. 계속해서 생각이 바뀐 덕에 불가촉천민 출신의 법무

부 장관과 대통령이 탄생하기도 했단다."

하라는 고개를 끄덕였다. 달라지고 있다니 다행이었다.

하멜 선생님이 말했다.

"고작 100년 전까지만 해도 중국에 전족이라는 풍습이 있었어. 여자아이들의 발을 서너 살 때부터 칭칭 감아 조그맣게 만드는 거야."

하라의 눈이 절로 찡그러졌다.

"발을요? 왜요?"

"그때 중국에서는 여자의 발이 작을수록 아름답다고 여겼어. 전족을 하면 발이 제대로 자라지 못하고 뼈와 근육이 망가져. 전족을 한 여자들은 걸음이 불편해 뒤뚱뒤뚱 걸어야 했고 멀리 가지도 못 했단다. 불과 100년 전쯤에도 전족을 한 여자들을 볼 수 있었어."

하라가 몸서리를 쳤다.

"아무리 문화라지만 마음대로 달리지도 못하게 발을 묶어 놨다고요?"

진주의 목소리가 진지해졌다.

"사람의 자유를 억압하는 문화는 좋은 문화가 아닌 것 같아요."

하멜 선생님이 끄덕였다.

카스트란? 카스트는 기원전 1천 년경 인도에 침입한 아리아족이 원주민을 다스리기 위해 만든 신분제예요. 카스트는 사람을 태생에 따라 네 가지 계급으로 나누지요.

브라만
과거 제사를 주관하던
승려나 사제

크샤트리아
정치, 군사를 주관하던
정치인, 무관

바이샤
농사나 장사를 하는 평민

수드라
정복당한 다른 민족, 노예
(현대 수드라는 평민에 속한다)

불가촉천민
네 계급 어디에도 속하지 못한 천민
(지금까지도 가난과 차별로 고통받고 있다)

카스트를 비판한 인도의 운동가

카스트는 여전히 인도 문화에 뿌리박혀 있지만 현재 인도 내부에서도 많은 비판을 받고 있다. 카스트를 반대하는 시위도 일어나고, 하층 계급 사람들의 취업과 경제를 지원하는 정책도 생겨났다. 불가촉천민 출신 정치인이 나오기도 했다. 그럼 카스트를 깨뜨리고 인도의 인권 신장을 위해 노력해 온 사람들에 대해 알아보자.

우리도 인간이다!

브힘라오 암베드카르(1891~1956)
인도 최초 불가촉천민 출신 장관이다. 불가촉천민의 기본권 보장과 힌두 사원 출입 금지를 철폐하는 운동을 이끌었다. 인도의 카스트를 비판하고 평등을 위해 애쓴 운동가로, 마틴 루터 킹과도 종종 비교되는 인물이다.

나렌드라 자다브(1953~)
불가촉천민 출신의 경제학자, 사회학자이자 교육자다. 인도 중앙은행 수석 경제 보좌관으로 근무했고 여러 국제기구에서도 활약했다. 신분제를 비판하는 대중 연설가이자 사회 활동가로 알려져 있다.

불평등한 카스트에 갇혀 자신을 미운 오리 새끼라 여기지 맙시다!

진실만이 승리합니다! 옳다고 믿는 것에 대해 목소리를 내세요.

아미르 칸(1965~)
우리나라에서도 유명한 영화 《세 얼간이》에 나온 인도 국민 배우다. 카스트와 같은 사회 문제를 고발하는 것은 물론 아동, 여성 인권 등에 대해서도 힘써 온 운동가다. 2013년 미국 타임지에 '영향력 있는 세계 인물 100인'으로 뽑히기도 했다.

"그래. 중국에서는 1911년 신해혁명 이후 전족을 금지했어. 전족은 이제 완전히 없어졌단다. 나는 세상이 좋은 쪽으로 달라질 수 있다고 믿어."

하라는 문득 한국에 있는 할머니가 떠올랐다. '여자애는 얌전해야지.'라며 하라를 나무라고, '아들을 낳아야지.'라며 엄마 아빠에게 눈치를 주는 할머니. 할머니는 아들을 중요하게 여기는 문화 속에서 자랐으니까 그게 옳다고 믿고 계신다. 하지만 엄마 아빠는 다르다. 할머니 말에 끄떡도 하지 않는다. '여자애는 씩씩해야지.'라며 하라가 태권도 학원에 다니는 걸 흐뭇해하고, 뭐든 많이 경험해야 한다고 격려한다. 주변의 다른 어른들도 '여자아이는 이래야 한다, 남자아이는 이래야 한다.'라고 할머니처럼 딱딱 나눠서 얘기하지 않는다.

'우리 문화가 변화해 온 거야. 할머니가 살아온 시대에서 엄마, 아빠가 살아온 시대로, 또 지금은 내가 사는 시대로 문화는 계속 바뀌고 있어.'

소가 끄는 달구지가 도로 위를 느릿느릿 지나갔다. 그 옆으로 자동차가 휙휙 지나쳤다.

하멜 선생님이 말했다.

"인도는 차와 소달구지가 함께 도로를 다니는 나라야. 변화를 위해 노력하는 사람들과 전통을 지키려는 사람들이 혼란스럽게 섞여 있지. 그 안에서 인도의 에너지가 끓어오르는지도 몰라."

배가 출출해진 일행은 음식점으로 갔다. 인도 음식점에는 식탁이 아니라 카펫이 깔려 있었다. 하멜 선생님이 카펫에 앉아 탈리를 시켰다. 탈리는 쟁반에 나오는 인도의 가정식 백반 한 상이다. 곧 여러 가지 음식이 놓인 커다란 쟁반이 선생님, 하라, 진주, 반이 앞에 각각 놓였다. 쌀밥과 커리, 볶은 채소와 피클, 요구르트 디저트가 한 쟁반에 조금씩 담겨 있었다.

반이가 말했다.

"선생님, 여기서도 음식을 손으로 먹나요?"

"그래. 손가락으로 밥과 커리를 섞은 다음에 채소를 곁들여 먹어. 커리는 손으로 먹으면 더 맛있어."

하멜 선생님은 오른손으로 능숙하게 먹었다. 커리가 매콤하면서도 부드러웠다.

"인도의 커리는 영국으로 전해져 영국인들의 입맛에 맞는 커리로 변형되었단다. 인도의 문화가 영국으로 건너가 널리 사랑받게 된 거지."

진주가 말했다.

"커리가 카레죠? 우리나라에서도 카레를 많이 먹는데 맛이 조금 다른 것 같아요."

"영국에서 일본으로 건너가며 커리는 일본식 카레로 변했고, 일본식 카레가 한국에 들어와 또 한국식 카레로 변했어. 각 나라의 음식 맛도, 먹는 법도 조금씩 다르지만 갖은 재료를 넣어 걸쭉하게 끓인다는 점은 똑같단다."

하라는 이 모든 게 재미있었다.

"인도에서 한국으로 커리가 이동하고, 한국에서 인도로 한국의 드라마가 이동하고. 문화는 서로서로 영향을 주나 봐."

하멜 선생님이 끄덕였다.

반이가 손뼉을 치며 외쳤다.

"맞아. 나 안 그래도 인도 영화 보고 싶었음. 쌤, 인도 영화 보러 가요. 미국에 할리우드가 있다면 인도에는 발리우드가 있다!"

하멜 선생님이 반가워했다.

"반이야, 발리우드를 다 알아?"

"어제저녁에 휴대폰으로 검색했어요. 발리우드는 뭄바이의 옛 명칭인 '봄베이'와 '할리우드'를 합친 단어래요. 그리고 발리우드 영화는 춤이랑 노래랑 연기를 짬뽕해서 만든다는데 엄청 신나고 흥겹대요. 진짜 그런지 궁금해요!"

"좋다. 발리우드 영화 한 편 보자."

일행은 영화관을 찾아 들어갔다. 척 보기에는 허름하고 낡았지만 오랜 역사를 지닌 '라지 만디르'라는 영화관이었다.

영화는 첫 장면부터 화려한 춤과 노래로 시작했다. 남자 주인공과 여자 주인공, 수많은 댄서가 신나는 음악에 맞춰 멋진 춤을 보여 줬다. 관객들이 흥겨워하며 소리를 질러 댔다. 진주와 하라, 반이는 눈이 휘둥그레져서 극장 안의 사람들을 둘러보았다.

영화는 춤과 노래, 이야기가 어우러져 있어 즐겁고 유쾌했다. 주인공이 악당들과 싸워서 이길 때 관객들이 함께 함성을 질렀다.

처음에는 당황했던 아이들도 주인공이 활약하는 장면이 나올 때마다 신나게 소리를 지르고 발을 굴렀다. 중간에는 쉬는 시간도 있어서 매점으로 가 핫도그와 콜라를 사 먹었다.

영화관을 나오며 아이들이 영화 속 노래를 흥얼댔다.

"반복되는 리듬 속에 이상한 매력이 숨어 있음."

"멜로디 중독성 엄청나!"

"노래가 계속 귓가를 맴도는 느낌이야."

저마다 목을 까딱까딱, 어깨를 들썩들썩하며 하우스 보트로 돌아왔다.

하멜 선생님이 보트에 도착해서 아이들에게 휴대폰을 돌려주며 말했다.

"뭄바이는 지금 오후 다섯 시 반이지만, 한국은 오후 아홉 시야. 시차가 세 시간 반 정도 난단다."

하라는 서둘러 할머니에게 영상 전화를 걸었다.

"할머니."

"하라야, 왜 이렇게 늦게 전화해? 밤늦게까지 돌아다닌 거 아니지? 여자애는 밤에 함부로 다니는 거 아니야."

"에이, 여기 하우스 보트 안이에요."

하라는 할머니가 '여자애가'라고 말할 때마다 차별당하는 기분에 답답함을 느끼곤 했다.

'할머니가 나한테 일부러 그러시는 게 아니야. 아들을 귀히 여기는 우리 옛 문화에 젖은 채로 살아 오셔서 그게 옳다고 믿고 계신 거야.'

그렇게 생각하니 할머니가 조금은 이해되었다. 서운함이 싹 가시지는 않더라도 말이다.

하라는 할머니를 향해 씩씩하게 말했다.

"할머니, 나 괜찮아요. 할머니 손녀는요, 튼튼하고 영리하고 힘도 세요. 그러니 아무 걱정하지 말아요. 알았죠?"

미리 보는 세계 문화 교실

평화와 자유의 나라, 네덜란드

네덜란드는 아름다운 풍차와 운하, 꽃이 가득하고 물이 흐르는 나라예요. 17세기부터 무역이 발달하면서 다양한 문화를 흡수해 자유와 포용의 정신이 발달했지요. 평화롭고 여유로운 분위기를 맘껏 누릴 수 있는 곳이랍니다.

- **면적**: 4만 1543㎢
- **인구**: 1734만 명
- **수도**: 암스테르담
- **종교**: 천주교, 개신교 외
- **언어**: 네덜란드어(영어 통용)
- **통화**: 유로

인사말

후더미다흐 (안녕하세요)

풍차 네덜란드는 바다보다 땅이 낮아 둑으로 바닷물을 막고 물을 퍼내서 흙으로 메운 나라다. 그래서 바닷물이 흐르는 것을 막기 위해 풍차가 많다.

클롬펀 나무를 깎아 만든 전통 나막신. 습기가 차지 않고 따뜻하게 발을 보호해 준다.

낙농업 맛있는 치즈와 우유가 많이 나온다. 하우다 지방의 부드러운 구다 치즈가 특히 유명하다.

원예 세계 최대 꽃 수출국! 전 국토가 튤립 재배지며 전 세계 튤립 생산량의 80%를 차지한다.

딕 브루너 귀여운 토끼 캐릭터 '미피'의 창시자인 일러스트레이터다.

닮았죠?

낭만적인 운하의 도시, 암스테르담

암스테르담은 도시에 흐르는 암스텔강에서 이름을 따왔어요. 수많은 운하가 있는 낭만의 도시이지요.
반 고흐, 램브란트 등 유명한 화가들이 살았던 문화의 도시이기도 하답니다.

타운 하우스 주택 벽면 한쪽이 옆집과 다닥다닥 붙어 있는 집의 형태를 운하 부근에서 볼 수 있다.

안네 프랑크의 집(❶) 《안네의 일기》를 쓴 안네 프랑크가 제2차 세계 대전 당시 숨어 살던 집. 집 속 비밀 공간에서 2년을 숨어 지냈다고 한다.

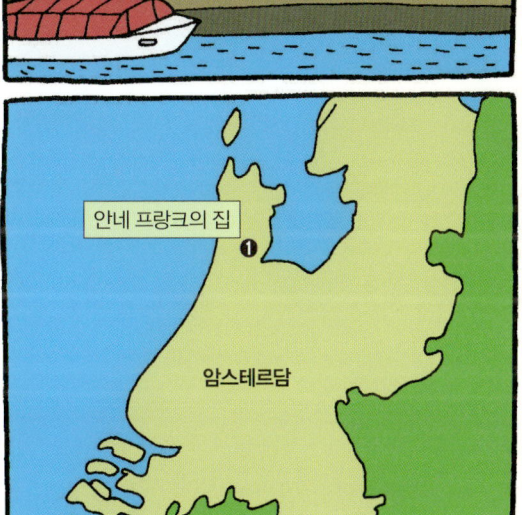

하우스 보트 물 위에 지은 집과 같은 보트. 약 2500채의 하우스 보트가 암스테르담에 떠다닌다.

하링 샌드위치 신선한 청어를 손질해 소금, 식초, 야채, 소스에 절여 빵에 끼운 음식이다.

자전거 자전거의 도시, 암스테르담! 주민 대다수가 자전거를 탈 줄 알며 자전거 전용 도로와 교통 법칙이 무척 잘되어 있다.

마지막 여행지, 네덜란드 암스테르담으로 떠나 봅시다!

 네덜란드 암스테르담에서 겪은 포용과 차별

같은 문화권 안에도 다양한 사람이 있다

"애들아, 오늘 어디로 갈지 알고 있지?"

하멜 선생님의 말에 거실에 모인 아이들이 소리쳤다.

"네덜란드 암스테르담이요!"

하멜 선생님의 고국이자 마지막 여행지였다.

아이들은 전날부터 네덜란드에 대한 책을 뒤지고 인터넷으로 정보를 찾았다. 가야 할 곳도 미리 정해 놓았다. 하라의 선택은 《안네의 일기》를 쓴 안네 프랑크가 머물렀던 집, 반이의 선택은 네덜란드 풍차였다. 진주는 청어로 만든 하링 샌드위치와 네덜란드 팬케이크를 먹자고 했다.

"출발한다. 꽉 잡아라."

하멜 선생님이 운항실로 들어갔다. 곧 보트가 빙빙 돌며 흔들리기 시작했다. 일본, 중국, 베트남, 인도네시아, 인도까지 다섯 번의 이동을 겪은 아이들은 여유롭게 흔들거리는 배를 즐겼다. 하라와 진주는 바닥에 드러누워 덜덜덜 떨리는 바닥에 웃음을 터트렸고, 반이는 덜덜대는 초록 소파에 앉아 "가자!" 하고 소리쳤다. 하얀빛이 하우스 보트 안으로 쏟아져 들어왔다.

하우스 보트는 순식간에 네덜란드 암스테르담의 한 운하로 이동했다.

"얘들아, 나가자. 네덜란드의 수도 암스테르담을 보여 줄게."

아이들은 하멜 선생님과 밖으로 나왔다. 운하에는 하멜 선생님의 하우스 보트와 비슷하게 생긴 배들이 줄지어 서 있었다.

"선생님, 저 하우스 보트들도 선생님네 배처럼 특별해요?"

"아니란다. 저 배들은 사람들이 사는 평범한 하우스 보트야. 집값이 비싼 암스테르담에는 하우스 보트에서 지내는 사람들이 많아. 운하에는 하우스 보트를 고정하는 정박 시설이 있어. 전기, 수도와 가스도 쓸 수 있지. 사람들은 운하의 보트 정박지에 임대료를 내며 살고 있어. 진짜 집과 다름없지."

진주는 갖가지 모양의 하우스 보트를 기웃기웃 살펴보았다.

"하우스 보트에서 사는 사람이 이렇게나 많다니 신기해요."

하라가 운하 앞의 길쭉길쭉한 집을 가리켰다.

"선생님, 저건 타운 하우스죠? 책에서 봤어요."

"맞아. 운하를 보는 면은 좁게, 뒤쪽은 길게 지었단다. 옛날에는 운하를 바라보는 면이 클수록 세금을 많이 냈거든. 세금을 적게 내려고 저런 집을 지은 거지."

하멜 선생님과 진주, 하라가 앞으로 걸어갈 동안 반이는 살짝 뒤처졌다. 반이는 몸을 구부려 운하를 내려다보았다. 아래쪽이 아찔해 보였다.

"겁난다. 여기는 난간도 없음?"

빠앙!

그때 자동차 경적이 들려왔다.

놀란 반이의 몸이 운하 쪽으로 위태롭게 기울었다. 누군가 반이의 옷자락을 잡아당겨 주었다.

"조심해!"

반이가 엉덩이를 뒤로 빼며 가까스로 섰다. 도와준 아이는 자전거를 탄 남자아이였다.

"후유, 고마워. 난 반이야."

"나는 월. 지금 아빠 만나러 가는 중이었는데 너 구해 준 얘기 해 드리면 좋아하시겠다. 우리 아빠는 이혼한 뒤로 나에 대해 시시콜콜 모든 걸 다 궁금해하시거든."

반이가 놀라서 물었다.

"너네 엄마랑 아빠 이혼함? 너 괜찮아?"

"괜찮을 리 있겠냐? 이제 네 달밖에 안 됐어."

반이가 코를 찡그렸다.

"미안. 우리 엄마, 아빠도 작년에 이혼했음. 나도 안 괜찮아."

월이 말했다.

"마음이 오락가락 일기 예보 같지 않아? 난 아무렇지 않다가도 불쑥 화가 나. 엄마랑 아빠가 끝났다는 게 믿어지지 않아. 그런데 우리 가족 중에서 나만 힘들어해. 엄마랑 아빠는 지금이 더 좋아 보여. 주말에 아빠를 보러 가면 아빠는 싱글벙글해."

"네 친구들은 어때? 따돌리거나 놀리지는 않아?"

반이가 진지하게 묻자 월이 이상하다는 듯 말했다.

"이혼이 놀림받을 일이야? 네 친구들은 부모님이 이혼했다고 놀리니? 결혼하지 않은 부모님이랑 같이 사는 애들도 많은데 이혼이 어때서? 결혼도 선택이고 이혼도 선택이야."

그때 하멜 선생님이 뒤돌아 반이를 불렀다.

"반이야, 얼른 와라."

윌이 손을 흔들며 자전거를 타고 떠났다. 반이는 하멜 선생님을 향해 뛰어가며 생각했다.

'아이들이 결혼하지 않은 부모님이랑 산다고? 결혼도 이혼도 선택이라고?'

하멜 선생님과 아이들은 샌드위치 가게 앞에 서 있었다. 아침은 진주가 먹고 싶어 했던 하링 샌드위치였다.

"수백 년 전 네덜란드는 바다에서 청어를 잡아 여러 나라에 팔아서 돈을 벌었어. 이건 하링이라고 부르는 청어 절임과 양파, 피클로 만든 샌드위치야."

반이는 샌드위치를 먹어 보았다. 비릴 줄 알았는데 피클과 양파가 상큼하게 씹혔다.

진주가 샌드위치 냄새를 맡으며 중얼거렸다.

"집에서 꽁치 통조림으로 샌드위치를 만들어 볼까?"

반이는 고개를 설레설레 저었다. 그런 건 사양하고 싶었다.

"애들아, 네덜란드 사람들은 걸음마만 떼면 자전거 타는 법을 배워. 어디든 자전거로 다니지. 우리도 자전거를 타고 시내를 돌아다닐까?"

괜찮은 생각이었다. 다 함께 자전거 대여점으로 가 마음에 드는 자전거를 골라 탔다.

"자전거를 달릴 때 알아 둬야 할 게 있단다. 자전거는 오른쪽 길로 달리는 거야. 왼쪽으로 돌려면 왼쪽 팔을 들어 신호를 보내고, 오른쪽으로 돌려면 오른쪽 팔을 들면 돼. 이제 가자!"

아이들은 자전거 도로로 다니는 자전거 무리에 끼었다. 정말이지, 길은 자전거로 가득했다. 할머니, 아저씨, 대학생, 초등학생까지 자전거를 타고 휙휙 지나갔다. 무거운 짐을 싣고서도, 커다란 가방을 메고서도, 아이를 앞에 태우고서도 자전거와 한 몸인 것처럼 잘도 달렸다.

안네 프랑크의 집에 도착하자 하라가 어제 벼락치기로 공부한 실력을 보여 주겠다고 했다.

"네덜란드는 제2차 세계 대전 당시 독일 나치에 점령되었습니다. 유대인이던 안네 프랑크의 가족과 다른 네 사람까지 총 여덟 명이 나치의 탄압을 피해 이 집에 숨어 살았습니다. 안네는 이 집에서 숨어 지내는 동안 일기에 '키티'라는 이름을 붙여 주고 친구와 대화하듯 일기를 썼습니다. 그 일기는 전쟁의 참혹함과 나치의 유대인 학대를 증언하는 최고의 기록 유산이자 문학이 되었습니다.

바로《안네의 일기》입니다."

하멜 선생님과 아이들뿐 아니라 안네 프랑크의 집에 가려고 모여 있던 사람들까지 모두 박수를 쳤다. 하라가 씩 웃었다.

줄을 서서 차례대로 안네 프랑크의 집 안으로 들어갔다. 안네 프랑크가 숨어 있던 은신처 입구는 회전식 책장으로 숨겨져 있었다. 책장 뒤에는 은신처로 오르는 좁고 가파른 층계가 있었고 층계를 올라가면 안네의 방과 욕실, 다른 사람들이 지내던 방이 나

왔다.

하멜 선생님이 말했다.

"은신처 아래는 사무실이었어. 사무실에 사람이 있는 동안 안네 프랑크의 가족은 숨죽이고 있어야 했어. 변기 물을 틀어도 안

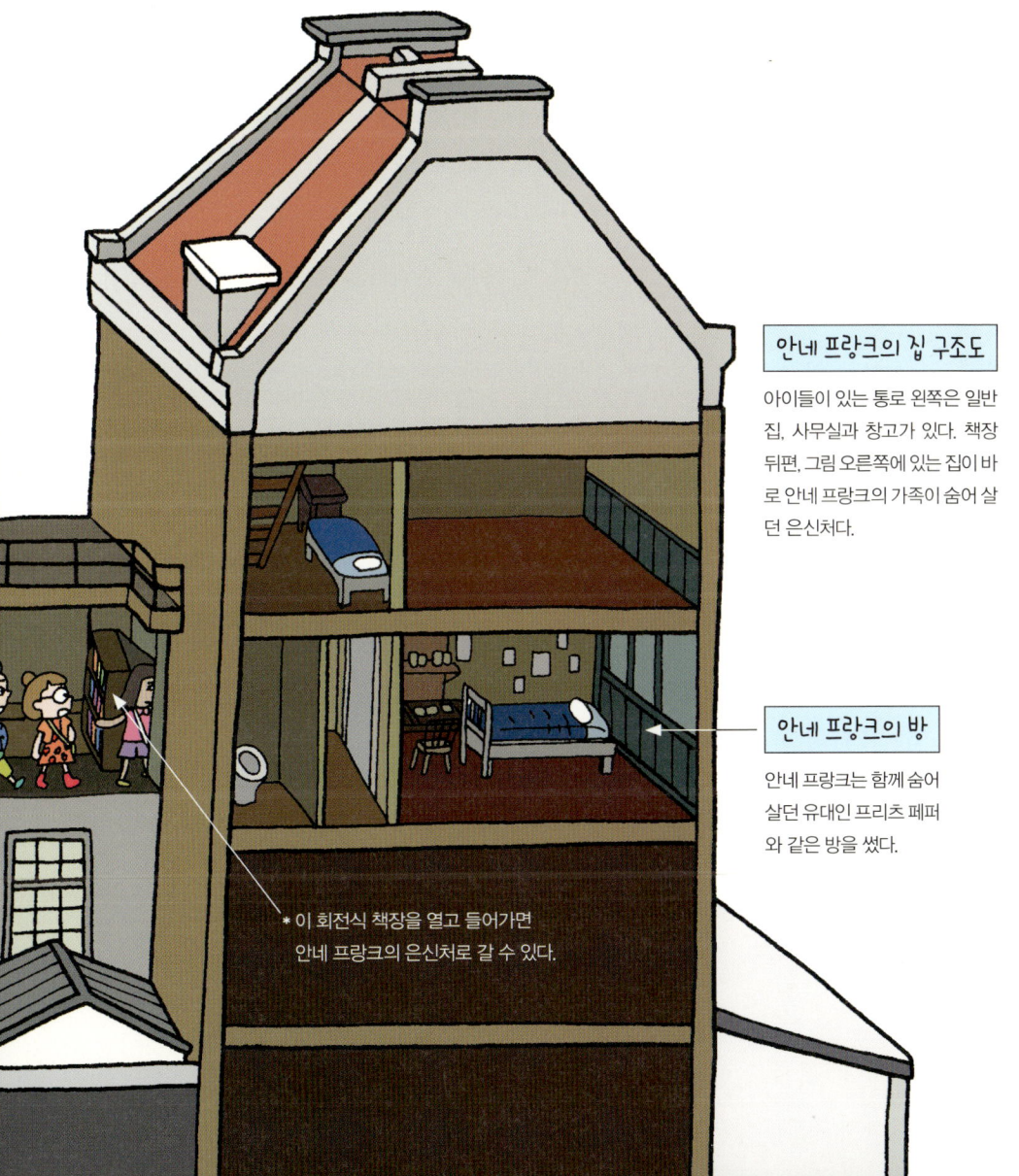

안네 프랑크의 집 구조도
아이들이 있는 통로 왼쪽은 일반 집, 사무실과 창고가 있다. 책장 뒤편, 그림 오른쪽에 있는 집이 바로 안네 프랑크의 가족이 숨어 살던 은신처다.

안네 프랑크의 방
안네 프랑크는 함께 숨어 살던 유대인 프리츠 페퍼와 같은 방을 썼다.

* 이 회전식 책장을 열고 들어가면 안네 프랑크의 은신처로 갈 수 있다.

됐어. 여덟 명은 2년 동안 한 번도 집 밖으로 나갈 수 없었지."

"안네 프랑크는 어떻게 되었어요?"

"숨어 있던 일행은 은신한 지 2년째에 발각되어 나치 수용소로 보내졌어. 몇 명은 가스실에서 죽었지. 안네는 언니가 전염병 때문에 수용소에서 눈을 감자 살아갈 힘을 잃었고 뒤따라 병에 걸려 죽었어. 전쟁이 끝난 뒤 홀로 살아남은 안네의 아빠 오토 프랑크는 이 집에 남아 있던 안네의 일기를 책으로 냈단다."

아이들은 생각에 잠긴 채 안네의 집을 나왔다.

"얼마나 답답했을까? 안네도 나처럼 자유롭게 하늘을 보고 길을 걷고 싶었을 거야."

진주의 말에 반이와 하라가 끄덕였다.

하멜 선생님이 자전거에 오르며 외쳤다.

"애들아, 이제 풍차를 보러 가자!"

일행은 자전거를 타고 달렸다. 네덜란드 왕궁, 화가 렘브란트의 집을 지나, 암스텔강 강변으로 접어들었다. 강에서 불어오는 바람이 상쾌했다.

하라가 외쳤다.

"선생님, 저게 암스텔강 맞죠?"

"그래. 암스테르담은 '암스텔강의 둑'이란 뜻이야. 저기 저 팬케이크 식당에서 점심을 먹자."

식당으로 간 일행은 저마다 다른 팬케이크를 골랐다. 헨드릭 하멜 선생님은 딸기와 바나나를 올린 펜케이크, 반이는 베이컨과 치즈가 올라간 팬케이크, 하라는 으깬 감자와 햄을 올린 팬케이크, 진주는 사과와 시나몬 가루를 올린 팬케이크를 골랐다.

한참 기다린 끝에 나온 팬케이크는 피자만 했다. 아이들은 환호성을 지르며 팬케이크를 먹어 치웠다.

다시 암스텔강을 따라 남쪽으로 자전거를 타고 내려갔다. 저 멀리 풍차가 나타났다.

"풍차다!"

버섯 모양의 탑에 달린 네 개의 커다란 날개가 바람을 타고 천천히 돌아갔다.

아이들은 자전거를 눕혀 놓고 풍차 옆 풀밭에 주저앉았다. 풍차 위로 파란 하늘이 펼쳐졌고, 흰 뭉게구름이 바람을 따라 흘러갔다. 나무와 풀, 하늘과 구름이 풍차와 어우러져 수백 년 전의 어느 날을 직접 보는 듯했다.

"네덜란드는 바닷물을 메워 땅을 넓힌 나라야. 땅을 넓히기 위해 둑으로 바닷물을 막고 풍차를 세워 물을 퍼낸 뒤, 바닥을 흙으로 메워서 마른땅을 만들었어. 홍수가 나면 물이 쉽게 빠져나가도록 운하도 만들었단다. 네덜란드 사람들이 함께 둑을 막고 홍수와 싸우는 가운데 협동과 평등의 정신이 뿌리를 내렸어. 모두가 평등하다는 믿음이 네덜란드를 자유와 관용의 나라로 만들었지."

반이는 하멜 선생님의 말에 귀를 기울였다.

"네덜란드는 가족 형태에 대한 생각이 자유로운 편이야. 이혼이나 재혼도 많이 하고, 결혼을 꼭 할 필요도 없다고 생각해. 결혼하지 않고 비혼 상태로 아이를 함께 기르는 부모도 많아. 남자와 남자, 여자와 여자가 정식으로 결혼해 부부가 될 수도 있어."

진주의 목소리에 호기심이 어렸다.

"남자랑 남자, 여자랑 여자도 결혼을 한다고요?"

"아까 시내를 지날 때 무지개 깃발 봤지? 무지개 깃발은 동성끼리 사랑하는 사람들을 지지하는 깃발이야. 네덜란드는 2001년에 세계에서 처음으로 동성 결혼을 인정했어."

"이런 얘기는 다 처음 들어봐요."

"네덜란드에서는 스스로 자기 죽음을 선택할 수 있는 안락사도 가장 먼저 인정했어. 견딜 수 없는 고통에 시달리는 사람들, 암이나 치매, 정신병 등으로 고통받는 사람들이 심사를 통해 안락사를 할 수 있도록 절차를 마련했지."

반이는 좀처럼 믿을 수가 없었다. 자기도 모르게 목소리가 날카로워졌다.

"정말 자유 맞아요? 안락사도, 이혼도 그냥 자기들 멋대로 하는 거 아니에요?"

"다른 문화에서 나고 자란 사람은 네덜란드의 문화가 '멋대로'인 것 같다고 느낄 수 있어. 이혼에 대해 생각해 봐. 한국의 가족 영화, 드라마, 만화는 엄마와 아빠, 아이가 모두 있는 가족을 많이 보여 줘. 교과서 속 가족도 대부분 엄마와 아빠, 아이로 이루어져 있어. 그러니 한국에선 이 형태를 '이상적인 가족'으로 여기는 거지. 그런 문화 속에서 자란 대부분의 한국 사람들이 이혼을 쉽게 받아들일 수 있을까?"

듣고 있던 진주가 머리를 저었다.

"아니요. 불편해할 거예요. 제 피부에 대해서 편견을 가지는 것처럼."

"이혼을 쉽게 받아들이지 못하는 문화권에서 태어나 자라 온 사람들 대부분은 이혼에 대해 껄끄럽게 생각해. 안락사나 비혼 등에 대해서도 마찬가지야."

"선생님, 그렇다고 한국에 꽉 막힌 사람들만 있진 않은데요? 우리 큰 삼촌은 이혼하고 쌍둥이랑 살고 있는데 지금이 훨씬 즐겁대요. 막내 이모가 비혼으로 혼자 사는 것도 제일 많이 지지해 주고 있어요."

하라의 말에 하멜 선생님이 끄덕였다.

"주변의 문화를 그대로 흡수하는 사람들만 있는 건 아니야. 모든 사람은 주변 문화에 영향을 받지만 모두가 똑같이 반응하지 않고, 똑같이 받아들이지도 않아. 다른 생각을 가지고 다른 목소리를 내는 사람들이 있지. 그 사람들의 목소리가 사회에 변화를 만드는 데 힘이 돼. 다양한 형태의 가족에 대해 생각하고, 인정하고, 이야기하는 사람이 많아질수록 그 사회의 문화도 조금씩 다른 방향으로 변화해 나갈 수 있어."

자유와 관용의 정신

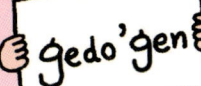

네덜란드는 관용, 개방, 공존 정책을 핵심 전략으로 삼고 있으며, 다양성을 존중하는 문화가 뿌리내린 나라야.

헤도헌 gedo'gen : 참다, 눈감아 주다, 허락하다
(타인에게 관용을 보이고 남의 일에 간섭하지 않는 전통을 상징하는 네덜란드어)

네덜란드는 '어차피 벌어질 일이라면 금지하기보다 차라리 통제하는 것이 낫다'는 정신으로 개방 정책을 펼쳐 왔어. 따라서 '세계 최초'로 무언가를 허용한 이력이 많아. 네덜란드 '세계 최초'의 역사에 대해 알아 볼까?

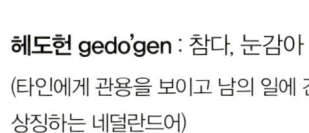

게도겐?

네덜란드 '세계 최초'의 역사

1811년: 세계 최초 동성애 허용

19세기에 네덜란드는 세계 최초로 동성애를 허용하는 법을 제정했다. 덕분에 유럽 전역에서 박해받던 인재들이 네덜란드로 모여들었다.

1986년: 세계 최초 '공정 무역 인증'

인도네시아 원주민들의 노동 착취를 고발하는 소설 《막스 하벨라르》가 19세기에 인기를 끈 이후, 1986년 동일 이름의 재단이 생겼다. 세계 최초로 '공정 무역 인증'을 시작했으며, 커피, 카카오, 꿀, 바나나 등 품목을 확대해 나가고 있다.

2001년: 세계 최초 동성 결혼 합법화

4월 1일 세계 최초로 동성 결혼이 합법화됐다. 이날 암스테르담 시청에서 네 쌍의 연인이 결혼식을 올렸다.

2002년: 세계 최초 안락사 합법화

'편안하게 생을 마감할 권리를 달라'라는 운동이 20세기 후반에 네덜란드에서 일어났다. 네덜란드는 공식적으로 '안락사'를 허용하고 엄격한 기준을 내세워 안락사를 시행하고 있다.

반이는 이야기를 잠자코 듣다가 벌떡 일어났다. 그리고 급히 선생님에게 말했다.

"선생님, 저 화장실에 다녀올게요."

반이는 공원 쪽으로 걸어갔다. 화장실은 핑계였고 혼자 생각할 시간이 필요했다.

반이네 엄마는 주변에 이혼을 숨겨 왔다. 반이는 엄마가 친구와 통화하는 걸 듣고 그 이유를 알았다.

"이혼하니까 속 시원해. 그런데 내가 이혼했다고 하면 주변 사람들 태도가 바뀌어. 누가 나를 불쌍해하거나, 나한테 무슨 문제가 있는지 매섭게 살피는 게 싫어. 나는 그대로인데."

실은 반이도 숨겼었다. '이혼한 집의 아이'라는 말을 듣기 싫었으니까.

'엄마, 이러려고 이혼했어요?'

쏟아붓고 싶은 말이 그동안 반이 가슴에 응어리져 있었다.

맑은 하늘 풍경에 머리도 맑아졌다. 반이는 아침에 만났던 월을 떠올렸다. 아무렇지도 않게 부모님의 이혼을 얘기하던 월. 당장 월처럼 생각하기는 어려울 것 같았다. 하지만 이혼을 누구나 자연스럽게 받아들이는 나라가 있다는 사실에 반이는 마음이 흔들렸다.

슬슬 돌아가려는데 저 멀리 웬 갈색 머리 남자애가 반이를 보며 양쪽 검지로 눈을 길쭉하게 만들었다. 남자애와 같이 있던 친구들이 웃음을 터트렸다.

반이가 소리쳤다.

"너희 뭐야?"

파란 눈의 남자애가 비웃음을 달고 말했다.

"중국 소년, 우리한테 할 말 있니?"

"난 중국인이 아니야. 한국인이야."

금발 머리 여자애가 귀찮은 듯 대꾸했다.

"그래그래, 안녕."

그러고는 자기들끼리 낄낄대며 떠나갔다.

반이는 화가 나고 억울했다.

'무턱대고 눈 찢는 흉내를 내며 중국인이라고 놀리다니! 저건 아시아인을 무시하는 거 아냐?'

반이는 일행에게 돌아가 조금 전에 당한 일을 쏟아 냈다. 하라가 두 팔을 걷으며 씩씩댔다.

"그놈들 어디로 갔어? 자기네가 뭐라고 사람을 무시해? 같이 잡으러 가자!"

"됐음. 한참 전에 사라졌어."

하멜 선생님이 잔뜩 미안함이 묻어나는 얼굴로 반이의 어깨에 손을 올렸다.

"반이야. 안 좋은 일을 겪게 해서 미안하다. 암스테르담을 자유와 관용의 도시라고 부르지만 이곳에서 인종 차별을 겪는 사람들이 적지 않단다. 백인 중에는 다른 인종을 자신보다 낮추어 보는 사람들이 있어. 서양이 전 세계를 식민지로 만들고 백인 중심주의를 퍼트렸던 과거 시대의 문화가 여전히 남아 있는 거야."

진주가 무덤덤하게 반이를 보며 말했다.

"백인들만 인종 차별을 하는 게 아니야. 우리나라에도 있어. 너희는 잘 못 느끼겠지만."

반이는 머리가 복잡해졌다. 아침에 도와준 월과 조금 전 놀려 댄 세 아이는 모두 네덜란드 사람이었다. 네덜란드 사람이라고 누

구나 열린 마음을 갖는 것은 아니지만 누구나 인종 차별을 하는 것도 아니다. 다른 나라에도, 한국에도 마음이 열려 있는 사람들과 마음이 닫혀 있는 사람들이 섞여 있을 것이다.

반이는 문득 첫날 일이 떠올랐다. 흑진주라고 놀리는 건 재밌는 장난이 아니었다. 그래서는 안 됐다. 반이는 그때 진주가 왜 싫다고 했는지 이제야 이해했다.

하멜 선생님이 말했다.

"이제 슬슬 보트 하우스로 돌아가자."

자전거로 돌아가는 길은 여전히 화창했다.

# 다시 한국으로
다른 나라의 문화를 알면 우리를 잘 알 수 있다

화아아악!

하얀빛과 함께 하멜 선생님의 하우스 보트가 한강초등학교 뒤편, 한강 공원 강변에 도착했다.

"일주일 동안 이런 캠프를 체험하고 올 줄 몰랐어. 이거 진짜 꿈 아니야?"

"이리 와. 꼬집어 줄게."

어느새 친해진 진주와 하라가 까불까불 떠들었다. 네덜란드를 떠날 때는 캠프가 끝나는 게 아쉬웠건만, 막상 한국에 도착하니

집으로 돌아간다는 반가움이 커졌다.

아이들은 캠프에서 느낀 바를 차례차례 나누었다.

먼저 하라가 말했다.

"나는 우리 역사에 대해서만 알고 다른 나라의 역사에 대해 너무 몰랐던 것 같아. 우리나라만 식민지로서 고통을 겪은 게 아니었어. 돌아가면 세계사도 공부하고 서양 중심의 사고방식이 동양 문화에 어떻게 파고들었는지 연구해 볼 거야."

진주가 환하게 웃었다.

"세계 음식을 맛본 것도 좋았지만…… 난 더 큰 걸 배웠어. 나는 원래 내 다갈색 피부가 싫었거든. 엄마 피부가 미울 만큼 싫었어. 그런데 다른 나라에 가 보니까 피부색이 가지각색이더라. 피부가 진하면서 멋있는 사람도 잔뜩 봤고. 이 캠프를 통해 알았어. 우리나라에 피부가 진한 동남아 지역의 사람들을 낮추어 보는 문화가 있고, 내가 그 문화에 젖어 내 피부를 미워했다는걸. 나는 이제 내 피부색이 싫지 않아. 나처럼 생각하는 사람들이 많아질수록 문화도 변화할 거야."

하라가 물었다.

"반이 너는?"

반이는 보통 때와 다르게 머뭇거렸다. 숨을 크게 쉬고는, 진주를 보았다.

"백진주, 미안하다."

"갑자기 뭐가?"

"흑진주라고 놀려서 미안해. 내가 잘못했어."

갑작스러운 사과에 진주의 볼이 붉어졌다.

"이제 괜찮아."

"김반, 김밥이라고 놀린 건 안 미안하다."

이어서 하라가 말했다.

"그럴 줄 알았음, 오하라. 아무튼 좋은 캠프였어. 여러 문화를 만나면서 나도 내 편견을 돌아보게 된 것 같아. 사실…… 우리 엄마랑 아빠 이혼하셨거든. 부모님이 이혼했다는 사실을 남에게 알리기 창피했어. 그런데 네덜란드에 살았다면 부끄러워하지 않았을 거라고 생각하니까 마음이 달라지더라. 여기선 이상하다는데 저기선 괜찮다고 한다면 그건 진짜 이상한 게 아닌 것 같아. 이제 숨기는 건 그만할래."

하라가 진주와 반이에게 어깨를 둘렀다.

"우리 다 우물 안 개구리였나 봐."

어느새 거실로 들어온 하멜 선생님이 큰소리로 말했다.

"애들아, 한강초등학교 뒤편에 도착했다. 빠진 짐 없나 살피고 내릴 준비해라."

진주가 갸웃거렸다.

"선생님, 신기해요. 여러 문화를 겪고 나니까 우리 문화에 대해 다르게 보고 생각할 수 있게 됐어요."

하멜 선생님이 말했다.

"물속에 사는 물고기는 물이 익숙해서 자기가 물속에서 산다는 걸 잊어버릴 만큼 당연하게 여기며 산다지. 어느 문화권에서 태어나 산다는 것도 마찬가지란다. 다른 나라의 문화를 알고 나면 당

연하게 받아들였던 자기 나라의 문화에 대해 새롭게 보고 다르게 생각할 수 있어. 이 캠프는 결국 우리를 둘러싼 문화를 더 잘 알기 위해 연 거란다."

반이가 양팔을 감싸고 부르르 떠는 시늉을 했다.

"선생님, 큰 그림을 그리셨군요!"

하라가 곧이어 비장하게 말했다.

"대한민국 임시 정부를 지킨 김구 선생님이 이런 말을 하셨대요. 나는 우리나라가 가장 부강한 나라가 되기를 원하지 않으며, 남을 침략하는 것도 원치 않는다. 오직 한없이 가지고 싶은 것은 높은 문화의 힘이다."

진주와 반이가 휘파람을 불며 박수를 쳤다.

하라가 무대에서 인사하듯 두 팔을 살짝 벌리고 웃어 보였다.

"일주일의 캠프를 통해 문화의 힘이 무엇인지에 대해 배웠어요. 문화가 왜 중요한지, 나라마다 문화가 얼마나 다른지, 우리 문화를 어떻게 키워야 하는지 생각할 수 있었어요. 앞으로 김구 선생님의 바람처럼 우리가 높은 문화를 이루어 나가도록 노력하고 싶어요. 감사합니다, 하멜 선생님!"

진주와 반이도 함께 외쳤다.

"감사합니다, 하멜 선생님!"

선생님이 엄지를 들어 올렸다.

짐을 챙긴 아이들은 하멜 선생님과 손바닥을 마주치며 작별 인사를 했다. 아이들이 내린 뒤 하멜 선생님은 운항실로 들어갔다. 진주가 선생님을 향해 소리쳤다.

"선생님, 어디로 떠나세요?"

하멜 선생님이 외쳤다.

"오늘은 이집트 알렉산드리아에서 저녁 약속이 있어!"

곧 배가 빙빙 한자리를 돌며 덜덜덜 흔들리기 시작했다. 배는 흰 빛무리에 휩싸여 거짓말처럼 사라졌다. 진주는 이어폰을 달고 있던 왼쪽 귀를 만져봤다. 조금 허전했다.

"하라야, 우리 가게에서 점심 먹고 갈래?"

하라의 눈이 반짝였다.

"쌀국수?"

"아니, 보쌈. 우리 집 족발이랑 보쌈 가게 해."

하라가 진주의 팔짱을 꼈다.

"우아, 침샘 폭발한다. 상추에다 김치를 얹어서 수육이랑 쌈장을 올리고……. 가자!"

반이가 끼어들었다.

"백진주, 나는?"

"음, 특별히 끼워 줄게."

하라와 반이는 진주가 처음으로 집에 데려가는 친구였다. 캠프를 다녀오기 전에 진주는 엄마의 나라에 관심이 없었다. 이제는 엄마의 나라와 아빠의 나라, 베트남과 한국을 모두 좋아하게 될 것 같았다. 세상에는 더 잘난 문화도, 못난 문화도 없다. 엄마가

어느새 이집트에 온 하멜 선생님의 보트~

해 주는 쌀국수도 맛있고, 아빠가 만드는 수육도 맛있다. 진주는 언젠가 베트남 음식, 한국 음식을 모두 배워서 섞어 볼 생각이다. 문화와 문화가 만나는 곳에서는 늘 새로운 것이 탄생한다. 그건 정말 멋진 일이다.

식당으로 향하는 세 아이의 발걸음이 가벼웠다.

* **카이트베이 요새**
15세기 카이트 베이 술탄이 오스만 제국의 공격을 막기 위해 세운 요새.
이집트 알렉산드리아 지중해안에 위치해 있다.

조선 이주민의 삶을 기록한
헨드릭 하멜

강원대학교 독어독문과 교수 김연수

1. 헨드릭 하멜의 생애

세계 무역의 중심, 동인도 회사의 일원이 되다

헨드릭 하멜은 1630년 네덜란드의 중부에 위치한 호린험이라는 도시에서 태어났어요. 부유한 가정에서 태어났지만 일찍이 부모를 여의었어요. 1651년 20대 청년이 되면서 하멜은 네덜란드 동인도 회사의 직원이 되어 인도네시아로 가는 배를 탔어요. 고향을 떠나 고향의 수로들이 한곳으로 흐르는 바다를 건너 넓은 세상을 경험하고 싶어 했지요.

헨드릭 하멜이 승선한 배는 인도네시아의 섬 자카르타에 도착했어요. 당시에 자카르타는 바타비아라고 불렸고, 바타비아에는 네덜란드 동인도 회사의 아시아 지사가 있었어요. 동인도 회사는 네덜란드 정부에서 아시아와의 무역 독점권을 얻어 냈을 뿐만 아니라, 정부를 대신해 아시아 나라들과 조약을 맺고 군사적·정치적 힘까지 발휘할 수 있었어요. 아시아 시장을 누비며 향신료, 차, 도자기, 면직물, 실크 등을 사들여 유럽에서 팔았어요. 바타비아는 동인도 회사가 주도하던 아시아 무역의 중심지이자 네덜란드 제국의 기지였어요.

동인도 회사의 선박에 승선하는 직원들 대부분은 배의 잡일을 돕다가 전쟁 시에는 군인으로 동원되는 일종의 예비군 역할을 해야 했어요. 헨드릭 하멜은 포격수의 직위로 승선했다가, 인도네시아에 도착한

지 얼마 되지 않아 조수를 거쳐 서기로 빠르게 승진했어요. 서기는 항해 일지를 작성하고 장부를 정리하는 등 배의 재정과 사무를 총괄하는 일을 했으며, 항해사에 버금가는 위치였다고 해요. 헨드릭 하멜은 서기로 승진한 이후 1653년 네덜란드 동인도 회사의 지사가 있는 일본 나가사키로 가기 위해 스페르베르호를 탔어요.

낯선 땅 조선에 표착하다

헨드릭 하멜이 탄 스페르베르호는 1653년 6월 18일 바타비아에서 출발해, 7월 16일 타이완에 잠시 머물렀어요. 그리고 7월 30일 일본 나가사키를 향해 돛을 올렸어요. 그런데 그날 밤, 갑자기 기상이 악화되며 스페르베르호는 악조건 속에서 항해를 하다 결국 태풍을 만났어요. 바다에서 이리저리 떠돌던 일행은 8월 16일에 제주도에 표착했고, 처음 배를 탔던 일행 64명 중 36명만이 살아남았어요.

스페르베르호가 난파해서 도착한 곳은 제주도 남단 대정현 대야수 연변으로 추정됩니다. 헨드릭 하멜은 시신으로 발견된 동료들을 모래 밭에 묻어주고, 스페르베르호의 찢어진 돛으로 천막을 쳐서 비를 피했어요. 주변에 떠다니는 배의 파편 가운데 먹거리가 들어 있는 통을 찾아 가까스로 생존해 나갔지요. 삶과 죽음의 혹독한 파도를 넘은 헨드릭 하멜은 자신이 어디에 와 있는지도 모르는 채 지칠 대로 지치고 깊은 슬픔에 잠겼어요.

이때 헨드릭 하멜의 일행을 본 제주도 사람들이 한둘 지나다니다가

8월 18일에 천여 명의 기병과 보병들이 천막을 포위했어요. 죽을지도 모른다는 공포와 말조차 통하지 않는 이 미지의 세계에 대한 두려움이 하멜을 덮쳤지요. 다행히 하멜의 일행을 체포했던 제주도 목사 이원진은 일행에게 잠자리와 먹거리를 제공하고 호의를 베풀었어요. 덕분에 하멜은 천천히 마음의 경계를 풀 수 있었지요. 하멜은 이원진 목사에게 '후한 대접을 받았으며 이원진 목사의 호의에 마음 깊이 감사했다'고 기록하고 있어요.

한양의 조정으로부터 조처를 기다리던 중 헨드릭 하멜은 10월 29일, 같은 네덜란드 출신인 얀 야너스 벨테브레이를 만나게 돼요. 벨테브레이는 1627년 일본으로 가던 중 풍랑을 만나 조선 해안에 표류했다가 조선에 머물게 된 네덜란드인이었어요. '박연'이라는 이름으로 훈련도감(조선 시대 다섯 군영 중 하나)에서 일하며 한국 여자와 가정까지 꾸리고 산 조선 최초의 귀화인이지요.

헨드릭 하멜과 만났을 당시 벨테브레이는 이미 모국어인 네덜란드어가 많이 어눌해진 상태였어요. 하지만 둘은 서로 같은 고향에서 온 사람임을 알아보고 하염없이 눈물을 흘렸답니다. 죽음의 고비를 넘기고 머나먼 이국에서 언어가 통하는 사람을 만났으니 얼마나 벅차올랐을까요.

하지만 벨테브레이는 헨드릭 하멜에게 절망적인 사실을 알려 주었어요. 바로 조선에는 외국인을 나라 밖으로 보내지 않는다는 법이 있다는 것이지요. 그 말을 들은 헨드릭 하멜의 기쁨은 순식간에 슬픔으로 바뀌었어요.

조선에서의 생활

조선 조정의 지시대로 헨드릭 하멜은 1654년 6월에 한양으로 압송되었어요. 효종을 만나 고국으로 보내 달라 간청했지만 박연이 전해 준 조선의 국법을 재차 확인할 수밖에 없었지요. 하멜은 왕의 호위군에 배치되어 조선식 이름과 직역이 새겨진 호패를 발급받아요. 왕이 하사한 포목으로 품위 있게 한복을 지어 입기도 했어요. 하멜의 일행은 조선의 군인으로서 매달 쌀로 급료를 받고 비교적 안정적인 생활을 이어갈 수 있었어요.

그런데 어느 날 뜻밖의 사건이 일어나요. 당시 효종은 1636년에 일어난 병자호란(청나라가 조선에 침입하며 일어난 전쟁) 이후 청나라에서 8년간 볼모로 생활했어요. 그 설욕을 갚기 위해 비밀리에 북벌을 추진하고 있었지요. 효종은 하멜이 박연과 같이 서양의 기술을 바탕으로 신식 무기를 개발하는 데 참여하게 했어요. 당시 서양인들이 훈련도감에 근무하고 있다는 사실은 청나라에 알려지면 안 되는 극비였어요. 그런데 헨드릭 하멜의 일행 중 두 사람이 조선을 방문하던 청나라 사신에게 네덜란드 고국으로 돌아갈 수 있게 해 달라고 간청하는 일이 벌어졌어요. 두 사람은 현장에서 체포되어 옥사했고, 조선의 조정은 청나라의 사신에게 뇌물을 주며 이 사건을 무마했어요.

이 사건 이후 일부 신하들은 헨드릭 하멜의 일행을 사형에 처해야 한다고 주장했어요. 효종은 하멜의 목숨을 살려 주는 대신 전라도 강진의 병영으로 유배를 보냈어요. 이때까지 살아남은 서른세 명의 일행과 함께 하멜은 1656년 3월, 박연과 한강변에서 작별을 하고 전라도 강진으로 내려가요.

강진은 병사마다 또는 재임하는 지방관의 성격에 따라 헨드릭 하멜의 일행을 대하는 대우가 달랐어요. 헨드릭 하멜은 주로 땔감 캐기, 풀 뽑기, 새끼 꼬기 등 강도 높은 노역에 동원되었어요. 한양에 있을 때만큼 풍족하진 않았지만 그래도 매월 지급되는 쌀로 살 수 있었어요. 힘들 때는 옷과 반찬거리를 구걸하기도 했어요. 당시 조선 평민의 살림살이는 넉넉하지 않았기 때문에 구걸하는 일이 그리 흉잡힐 일은 아니었답니다.

헨드릭 하멜은 누추하지만 집과 세간도 마련하고, 강진에서 어느 정도 안정된 생활을 꾸리고 있었어요. 그런데 1663년 2월 한양 조정으로부터 하멜의 일행은 여러 지방으로 뿔뿔이 흩어져 살라는 명령을 받아요. 그 시기 조선은 가뭄과 홍수로 흉작과 기근이 심했고, 전염병 때문에 살기가 무척 힘들었어요. 조정은 강진의 재정 부담을 줄이기 위해 열두 명은 여수로, 다섯 명은 순천으로, 다섯 명은 남원으로 보냈어요. 하멜의 일행 중 열한 명이 이때 사망한 것도 이 시기의 궁핍한 삶 때문이었을 겁니다.

조선 탈출 후 13년 만에 돌아온 네덜란드

헨드릭 하멜은 고된 생활을 견디다 못해 조선을 탈출하기로 결심해요. 1665년 하멜은 섬을 돌면서 솜 장사를 하겠다는 명분으로 작은 배 한 척을 구해요. 고국으로 돌아가기 위해 일본 나가사키로 먼저 가기 위한 수단이었지요.

1666년 9월 4일 밤, 하멜의 일행은 여수 바다를 통해 탈출해서, 9월 14일 나가사키에 도착했어요. 헨드릭 하멜은 나가사키 동인도 회사 관계자와 만나 그동안의 자초지종을 털어놓으며 네덜란드로 귀국할 수 있게 도와 달라고 요청했어요. 그로부터 약 1년 뒤인 1667년 10월 23일에 헨드릭 하멜은 나가사키에서 출항했고, 인도네시아를 거쳐 네덜란드에 도착했어요. 총 귀환자 수는 열다섯 명이었고, 일행 중 요리사였던 얀 클라슨은 조선에 남았다고 해요. 그 이유를 정확히 확인할 수는 없지만 한국 여자와 결혼해 가정을 꾸렸을 가능성이 높다고 보고 있어요.

헨드릭 하멜은 자신의 고향 호린험으로 돌아온 뒤, 아시아로 가는 배를 탔어요. 풍랑을 만나 그렇게 고생했음에도 다시 해외로 떠났다는 건 그만큼 바다 여행에 매력을 느꼈고, 외국 문화와 외국인들과의 만남을 좋아했던 게 아닐까요? 이후 하멜의 삶과 관련해서 알려진 바는 많지 않으나, 다시 고향으로 돌아와 1692년 2월 12일에 세상을 떠났다고 해요

서양인과 조선인의 첫 만남

헨드릭 하멜이 조선 땅에서 13년 28일간 살게 된 것은 뜻하지 않은 풍랑을 만난 탓이었어요. 자발적으로 조선에 남게 된 것은 아니었지만, 아직 세상에 알려지지 않은 조선인과 처음 만날 수 있는 기회였어요. 조선인의 입장에서도 하얀 피부, 큰 코를 가진 서양인을 단체로 만나는 건 처음 경험하는 일이었지요.

한양의 양반들은 헨드릭 하멜의 일행을 초대해 광대처럼 춤추고 노래하도록 시키고 구경했어요. 이방인들이 괴물처럼 생겼으며 음료를 마실 때 코를 뒤로 돌린다는 등 여러 소문이 돌았기 때문이죠. 조선인과 네덜란드인은 기이한 호기심을 품고 낯선 서로를 바라보았던 모양입니다. 헨드릭 하멜을 대했던 조선 사람들에게 별 악의는 없었던 것으로 보여요. 하멜은 조선인들이 자신의 하얀 피부를 부러워했고, 자신의 일행을 신기해하면서도 우호적으로 대했다고 기록하고 있어요.

헨드릭 하멜은 일부 병사들이나 관리들에게 안 좋은 기억이 있긴 하지만, 대체로 강진 마을 사람들에 대해서는 따뜻한 기억을 품고 있어요. 사람들이 친절하게 대해 주었으며 함께 우정을 키웠다고 말하고 있지요. 특히 이국의 이야기를 즐겨 듣던 승려들과 잘 지냈다고 해요. 낯선 조선에서 헨드릭 하멜은 그럭저럭 잘 적응하며 슬기롭게 어려움을 헤쳐 나간 듯합니다.

2. 헨드릭 하멜의 업적

《하멜 표류기》 출장 보고서를 작성한 이유

조선을 떠나 인도네시아 바타비아에 도착한 헨드릭 하멜은 네덜란드 동인도 회사 지사를 찾아가 13년간 밀린 월급을 달라고 요청했어요. 그러나 회사 측에서는 조선 탈출 이후 일본 나가사키에 도착했던 날을 기준으로 다시 월급을 지급하겠다고 했지요.

헨드릭 하멜은 밀린 월급을 받기 위해 스페르베르호의 난파에서 시작해 조선에서 보낸 13년 28일간의 생활과 탈출에 대해 보고서를 썼어요. 비록 인도네시아 바타비아에서 일본 나가사키까지 가는 데 13년이나 걸려 실패한 출장이지만, 길고 고됐던 여정에 대해 담담하고 객관적으로 보고했어요. 무엇보다 조선에서 생활한 경험을 살려 당시 조선의 사회를 세심하고 풍부하게 기록했지요. 이 보고서는 조선의 존재를 유럽에 처음으로 알린 귀중한 사료예요.

하지만 네덜란드 본사는 조난당한 선원의 봉급은 파선된 순간부터가 아니라 업무를 재개한 날부터 다시 지급된다는 원칙을 고수했어요. 결국 헨드릭 하멜은 보상금을 포함해 약 2년 치 정도에 해당하는 월급을 받았어요.

《하멜 표류기》의 출간과 번역

헨드릭 하멜이 동인도 회사에 제출한 보고서는 네덜란드에 돌아오기 전에 벌써 네덜란드에서 책으로 출간되었어요. 세 가지나 판본이 나왔고 1670년에 프랑스어로, 1671년에 독일어로, 1704년에 영어로 번역되었어요. '조선'이라는 나라를 유럽에 처음으로 알린 책인 만큼 폭발적인 인기를 얻었지요. 실패한 출장에 대한 보고서가 그야말로 베스트셀러가 된 거예요.

이 시기 유럽에서는 타 대륙과 먼 나라에 관심이 많아서 외국의 여행기를 즐겨 읽었어요. 하멜의 원고는 인기를 끌 수밖에 없는 소재였지요. 하멜이 원래 썼던 원고는 일종의 출장 보고서였기 때문에 문체가 딱딱했어요. 따라서 책으로 출간될 시에는 독자들이 흥미를 가질 법한 상상의 이야기가 덧붙여지곤 했지요. 한반도에서는 볼 수 없는 코끼리나 악어의 삽화, 혹은 인육을 좋아하는 악어 이야기 등을 삽입하기도 했답니다. 1920년이나 되어서야 헨드릭 하멜의 원고를 있는 그대로 출판한 정본이 나와 세상의 독자를 만날 수 있었어요. 오늘날 우리가 읽고 있는 《하멜 표류기》가 바로 그것이지요.

조선의 현실을 투영한 《하멜 표류기》

왜 유럽인들은 하멜의 조선 체험담에 그리도 관심이 많았을까요? 미지의 세계였던 아시아, 그중에서도 한국에 유럽인들이 관심을 가졌던 배후에는 '보물섬'에 관한 전설이 있어요. 미지의 황금 나라, 이상적인 신세계를 발견하고 싶다는 꿈은 선사 시대 때부터 줄곧 있었지요. 바닷길 무역 전쟁이 한창이던 17세기 유럽에서 '보물섬'은 이제 단순히 전설 속 환상적인 섬이 아니라 꼭 찾아야 할 목적지가 되었어요. 섬 전체가 금은으로 되어 있어 주민은 물론 동물들까지 보석을 줄줄이 몸에 걸치고 다니는 것을 아시아 어디선가 보았다는 모험담이 돌며 앞다투어 보물섬을 찾으려 했어요.

네덜란드 동인도 회사는 1639년에 보물섬 원정단을 파견하며 '코레아를 찾으라'라는 훈령을 내리기도 했어요. 당시 중국이나 일본과 네덜란드는 교류가 있었지만 한국과는 교류가 없어 조선은 신비로운 베일에 싸인 나라였지요. 동인도 회사는 보물섬을 찾기 위한 원정 사업을 여러 차례 추진했지만 풍랑 등으로 계속 실패했어요.

이러던 차에 등장한 하멜의 보고서는 그 어떤 전설이나, 풍문 혹은 단편적인 보고서들과는 달랐어요. 무려 13년 이상을 현지에서 생활하고 현지의 언어를 습득해 조선 사회와 조선인을 상세하게 관찰한 결과였으니 다를 수밖에 없지요.

헨드릭 하멜은 조선의 문화 전반은 물론 군대, 형벌 제도, 종교, 계층에 따른 주거 문화, 결혼 풍습, 교육, 장례 문화, 교역 상황, 길이·무게 단위와 화폐, 가축과 가금류, 언어, 계산법, 한반도의 지리정치학, 국왕의 행차 모습, 조선인의 성품, 조선인이 세계를 인식하는 방법 등까지 매우 상세하게 기록했어요.

《하멜 표류기》가 유럽에 끼친 영향

앞서 말했듯 하멜의 조선 체험담이 출판되어 인기를 끌자 동인도 회사에서 다시금 조선에 관심을 갖기 시작했어요. 조선과 직접 교역을 추진하고 싶어 '코레아호'라는 상선까지 제작했지요. 네덜란드 본사에서는 조선이 일본 대마도를 통해 동남아시아 물품을 수입하고 있었으므로 조선이 교역을 마다할 이유가 없다고 보았어요. 코레아호는 1669년 5월 한반도를 향해 돛을 올렸고 이듬해 1월에 인도네시아 바타비아에 도착했어요.

그러나 코레아호는 조선의 해안에 영영 닻을 내리지 못했어요. 바타비아 지사 측의 보고서에 따르면 조선은 상업 구조가 아직 잘 갖추어지지 않았고 외국인들을 두려워해 일본이나 청나라와만 교류하고 있었다고 해요. 또한 당시 아시아 해상권을 일본이 갖고 있어서, 네덜란드에서 수입한 물건을 일본이 조선에 이윤을 남기면서 팔고, 조선의 생산품을 다시 비싸게 네덜란드 상인들에게 팔았어요. 네덜란드가 직접 조선과 무역을 하게 되면 일본과의 교역에 타격을 입을 수 있으므로 조선과 네덜란드의 직접적인 교류는 성사되지 못했어요.

17~18세기 스페인, 포르투갈, 영국, 프랑스 등 서구 열강은 아시아, 아프리카, 아메리카로 진출할 때 지배자가 되어 식민지를 다스렸고, 식민지 국가들의 노동력이나 생산품을 착취했어요. 동인도 회사는 무역 회사였지만 군사적·정치적 권력을 가지고 있었어요. 네덜란드 식민지였던 인도네시아 원주민들을 값싼 임금에 부리고, 약탈에 가까운 가격

으로 인도네시아의 특산품을 헐값에 사들이며 이윤을 남겼어요.

　조선이 청나라와 일본 사이에서 소극적이고 수세적인 외교 정책을 폈던 건 아쉬움을 남깁니다. 하지만 17세기에 조선이 네덜란드와 직접 교류를 했다면 조선의 근대화가 앞당겨져 이후 일본의 식민 지배를 막을 수 있었을지, 혹은 인도네시아처럼 네덜란드의 식민지가 되었을지는 알 수 없지요.

3. 헨드릭 하멜의 삶에서 배울 점

타 문화에 대한 열린 자세

약 13년 동안 낯선 조선 땅에서 산 헨드릭 하멜은 오늘날 우리가 종종 말하는 '이주민'의 삶을 살았어요. 요즘은 우리가 원하는 환경을 갖춘 나라를 선택해 이민을 갈 자유가 있지만, 과거에는 강제적으로 추방되거나 어쩔 수 없이 고향을 떠나 이민을 가는 경우가 많았어요. 유럽 사회 속 유대인들이나 전쟁 시기의 피난민이 그런 예에 해당됩니다. 헨드릭 하멜 역시 자발적으로 이주를 한 상황은 아니었어요. 하멜은 자신의 직무를 수행하는 과정에서 예상치 못한 자연재해를 만나, 스스로 선택하지 않은 조선에서 난민으로서 살았으니까요.

오늘날에는 지구의 기후 변화로 새로운 삶의 터전을 찾아 떠난 기후 난민도 있고, 내전이나 정치적인 폭동으로 인해 자국을 떠난 난민도 있어요. 난민과 관련된 이슈가 계속 불거지는 지금, 헨드릭 하멜은 과거 이주민의 삶을 비추어 볼 수 있는 아주 중요한 기록을 남긴 사람이지요.

헨드릭 하멜은 이국의 문화와 외국에 대한 호기심이 컸어요. 그러니 동인도 회사의 선원이 되어 멀고 험한 바닷길을 따라 사는 삶을 살았겠지요. 하멜은 낯선 땅 조선에서 나름 슬기롭게 적응하며 살았어요. 전라도 사투리를 적극적으로 배워 이웃들과 정을 나누기도 하고, 외국에서 경험한 자신의 이야기를 기꺼이 들려주곤 했지요. 하멜의 동료 중에는 심지어 조선 여자와 결혼을 한 사람도 있었답니다.

헨드릭 하멜은 때로 심한 노역을 강요하는 지방 관리들에겐 부당함을 항의하고 자유로이 떠날 수 있게 해 달라고 주장을 내세울 줄도 알았어요. 현지의 법과 명령에 따르되 때로 필요할 때는 적극적으로 나서며 현명하게 조선 땅에 정착해 나간 것이지요.

헨드릭 하멜은 기독교인이었지만 조선의 불교 승려들과도 두터운 친분을 쌓았다고 해요. 다른 문화나 종교에 대해 지혜롭게 열려 있던 하멜은 다양한 문화가 부딪치고 섞이는 현대 사회에서 갖춰야 할 태도를 보여 주고 있지요.

문화 간의 멋진 만남을 꿈꾸며

'세계 문화 캠프'에 참석한 주인공들이 말했듯 문화는 고정된 것이 아니며, 세계는 끊임없이 변하고 있어요. 문화와 문화가 만나는 곳에서는 늘 새로운 것이 탄생하지요. 그건 아무래도 정말 멋진 일이겠지요? 그런 일이 이뤄지려면 헨드릭 하멜이 그랬듯 타 문화를 열린 마음으로 받아들이고, 세계 문화 캠프에 참여한 아이들처럼 편견과 차별의 벽을 깨면서 서로 이해하고 변화할 수 있어야 해요.

18세기 독일의 철학자 요한 고트프리트 헤르더는 전 지구의 사람들이 화합하기 위해선 문화 간의 만남이 매우 중요하다고 했어요. 그리고 독일의 청소년들에게 세계를 향해 열린 마음을 갖고 타 문화에 관심을 가지라고 권했어요. 세계를 알아가는 과정에서 혹 생길 수 있는 혼란은 자문화와 모국어에 대한 중심만 잡혀 있다면 얼마든지 극복할 수 있다고 덧붙였지요.

여러분도 세상 여러 문화권 속에 존재하는 다양한 삶에 관심을 기울이길 바랍니다. 내 안에, 우리 문화 속에 있는 편견이나 오해를 성찰하며 세상과 나를 바라보는 눈을 키워 보아요. 그것이 바로 나와 우리가 성장하고, 우리가 만날 세상과 함께 성장하는 길이니까요.

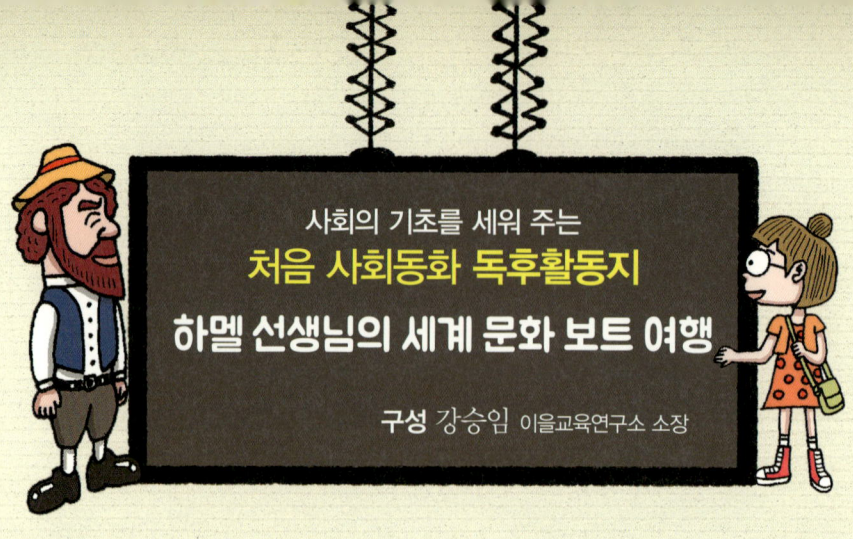

사회의 기초를 세워 주는
처음 사회동화 독후활동지

사회는 여럿이 모여 함께 살아가는 모든 형태의 인간 집단을 가리킵니다. 그리고 사회는 어린이들에게는 어려운 교과목이기도 합니다. 그런데 사회 교과를 잘 들여다보면 내가 속해 있는 사회의 이야기를 다루고 있다는 것을 알 수 있어요. 사회 구성원으로 살면서 꼭 알아야 하는 것들이지요. 사회 현상과 개념을 알기 쉽게 설명한 〈처음 사회동화〉를 읽고 독후활동지를 풀어 보세요. 바른 시민 의식을 가진 시민으로 성장하는 데 필요한 요소를 갖추고, 꼭 알아야 할 사회 개념을 관련 분야 주요 인물의 업적을 통해 알아보는 좋은 계기가 될 거예요.

〈사회의 기초를 세워 주는 처음 사회동화 독후활동지〉는 이렇게 구성돼요.

I. 사회의 기초 알아보기 동화 내용의 이해

동화 각 장의 소제목이기도 한 각 나라의 문화와 문화의 개념을 점검해 보고, 동화 속에는 그 내용이 어떻게 적용되었는지 적어 보면서 익힙니다.

II. 사회성 다지기 이해와 비판

동화를 통해 익힌 문화의 의미를 친구들과 토론해 보고 글로 써 보며, 생각을 넓히고 동화 속에서 느낀 점을 자신의 경험과 맞물려 표현하는 능력을 키웁니다.

III. 인물 탐구 – 헨드릭 하멜

부록의 내용을 바탕으로 헨드릭 하멜의 삶을 이해하고, 하멜의 삶이 주는 교훈이 우리 생활에 어떤 도움이 되는지 적어 보며 논리적 사고를 키웁니다.

학부모 및 교사용 도움말

교과연계	〈3학년 1학기 국어㉮〉 5. 내용을 간추려요 이야기 속의 내용을 정확히 이해하자. 〈3학년 1학기 국어㉯〉 7. 아는 것을 떠올리며 이야기를 읽고 난 뒤 배운 점을 떠올리며 정리해 보자. 〈4학년 1학기 국어㉯〉 7. 의견과 근거 인물의 주장을 떠올리며 적절한 의견과 근거를 제시한다. 〈5학년 1학기 국어㉮〉 1. 인물의 말과 행동 인물의 삶을 들여다보며 배울 점을 찾는다.

I. 사회의 기초 알아보기 동화 내용의 이해

《하멜 선생님의 세계 문화 보트 여행》 본문에는 각 장마다 헨드릭 하멜이 어린이 여러분에게 소개하고자 하는 세계 문화와 문화의 의미를 소제목으로 적어 두었어요. 동화 내용을 다시 한번 떠올려 보며 아래 질문에 답해 보세요. 적는 동안 다양한 문화를 존중해야 하는 이유를 자연스럽게 알게 될 거예요.

교과연계
〈3학년 1학기 국어㉮〉
5. 내용을 간추려요

1. 진주는 5박 6일 동안 세계 문화 캠프에 참여합니다. 하멜 선생님은 이 캠프를 소개하며 문화란 무엇이라고 말하나요?

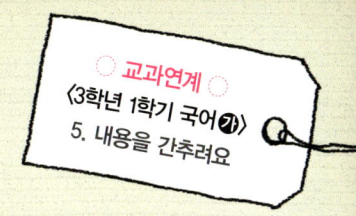

2. 하멜 선생님은 나가사키 짬뽕의 탄생 배경을 설명하며 문화의 어떤 특성에 대해 말하나요?

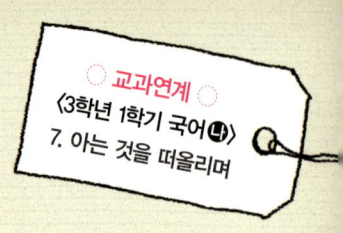

3. 아이들이 생각하는 전통문화와 하멜 선생님이 생각하는 전통문화는 어떻게 다른가요?

_____
_____
_____
_____
_____
_____
_____
_____

4. 하멜 선생님은 베트남 문화를 무시하는 반이를 보고 문화에 대해 어떤 태도를 가져야 한다고 말하나요?

_____
_____
_____
_____
_____
_____
_____

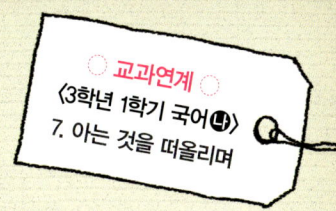

5. 하멜 선생님은 왜 문화에 대한 편견이 생긴다고 하나요?

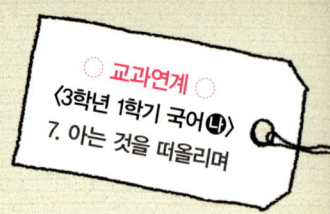

6. 카스트는 인도 고유의 문화입니다. 하멜 선생님은 어떤 점에서 이 문화를 비판적으로 보나요?

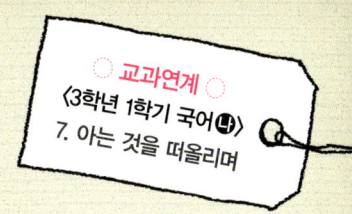

7. 반이는 네덜란드 암스테르담에서 부모님이 이혼한 아이와 자신을 중국인이라고 놀리는 아이를 만납니다. 반이는 이 두 만남을 통해 어떤 반성을 하나요?

8. 세계 문화 캠프를 마친 진주와 하라, 반이가 캠프를 통해 깨달은 점은 무엇인가요?

II. 사회성 다지기 이해와 비판

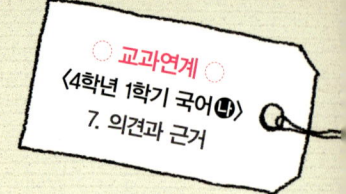

앞에서 살펴본 동화 내용을 바탕으로 사고를 확장시키고 아래 문제들을 친구들과 함께
토론해 보세요. 나와는 다른 다양한 입장과 해결 방안이 있다는 걸 깨닫게 될 거예요.
또한 동화를 읽고 느낀 점을 자신의 경험과 연결하여 글로 써 보세요. 나를 더 잘 표현할 수 있는 좋은 연습이 될 거예요.

【친구들과 토론해 봐요】

1. 김치는 우리의 대표적인 전통 음식입니다. 하지만 현재 우리가 먹는 김치는 그 역사가 짧다고 합니다. 그렇다면 이 김치를 전통 음식이라고 할 수 있을까요? 찬반 입장을 토론해 보세요.

찬성 :

반대 :

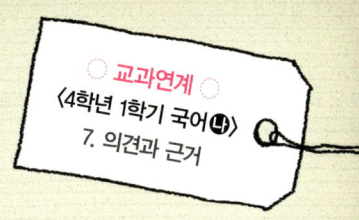

2. 인도의 카스트는 신분에 따라 사람의 직업과 사회적 대우 등을 나누는 신분 제도입니다. 법적으로는 없어졌지만 문화적으로는 여전히 남아 있다고 합니다. 이러한 억압적인 문화도 그 나라의 고유문화로서 존중해야 할까요? 이에 대한 찬반 입장을 토론해 보세요.

찬성 :

반대 :

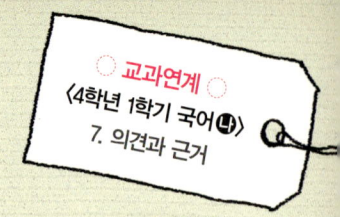

【자신의 경험을 글로 써 봐요】

3. 우리는 문화에 대해 어떤 태도를 가져야 할까요? 우리 문화뿐만 아니라 다른 나라의 문화를 대하는 바람직한 태도에 대해 논술해 보세요.

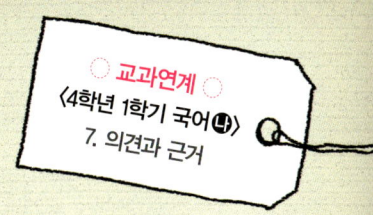

4. 우리 문화 중에서 세계에 널리 알리고 싶은 문화를 하나 소개해 보세요.
 (예시: 온돌, 아리랑, 품앗이, 드라마, 대중가요, 영화, 된장 등)

III. 인물 탐구 – 헨드릭 하멜

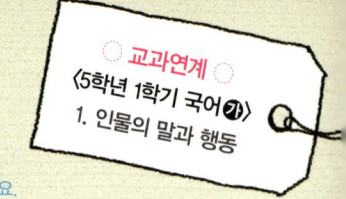

동화를 읽고 '헨드릭 하멜은 어떤 사람일까' 하는 궁금증이 생겼나요? 이제 부록에 소개된 헨드릭 하멜의 삶과 태도를 복습해 볼 거예요. 부록을 꼼꼼히 읽고 문제를 풀어 보세요.

1. 헨드릭 하멜은 어쩌다가 제주도에 표착하게 되었나요?

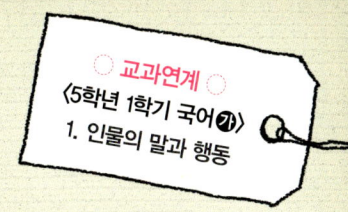

2. 헨드릭 하멜은 조선에서 어떻게 생활했나요?

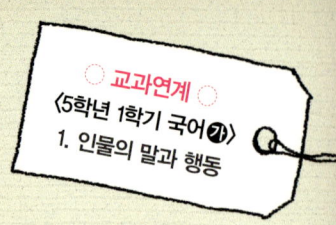

3. 헨드릭 하멜이 《하멜 표류기》를 쓰게 된 계기는 무엇인가요?

4. 《하멜 표류기》가 유럽에서 큰 관심을 끈 이유를 분석해 보세요.

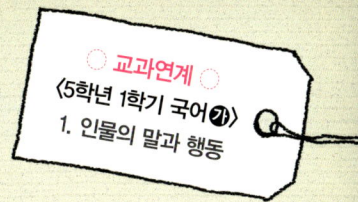

5. 헨드릭 하멜이 조선에서 생활하는 동안 보여 준 삶의 태도에서 배울 점을 생각해 보세요.

학부모 및 교사용 도움말

I. 사회의 기초 알아보기 동화 내용의 이해

1. 문화는 사람이 한 지역에 살아가며 자연스럽게 배우고 공유하는 모든 것을 말한다. 그 지역의 옷, 음식뿐 아니라 그 지역 사람들이 따르는 가치와 풍습, 그곳의 예술과 학문 등이 모두 문화에 속한다.

2. 나가사키 짬뽕은 나가사키의 대표적인 음식으로, 해산물로 만든 짬뽕이다. 1800년대 말에 중국에서 온 요리사가 나가사키에 살던 중국인들을 위해 만들었다. 짬뽕은 본래 중국 요리이고, 해산물은 일본 음식의 주재료이다. 나가사키 짬뽕은 중국의 음식 문화와 일본의 음식 문화가 만나 탄생한 요리이다. 하멜 선생님은 이 이야기를 들려주며 서로 다른 문화가 만나면 각 문화가 서로에게 전달되어 새로운 음식이나 예술 등이 생겨난다고 말한다.

3. 아이들은 전통문화라고 말하려면 수천수만 년 전부터 같은 모습으로 지속되고 있어야 한다고 생각한다. 그러나 하멜 선생님은 문화는 고정되어 있는 것이 아니라 시대에 따라 변화하는 것이라고 말한다. 과거의 전통에 새로운 것이 섞여 변화가 일어나면서 전통문화 또한 새롭게 변하는 것이다.

4. 반이는 베트남이 우리나라보다 가난하기 때문에 배울 문화가 없다고 말한다. 이에 하멜 선생님은 현재의 부자 나라, 가난한 나라가 영원한 것도 아니고, 빈부에 상관없이 그 나라만의 고유한 문화와 전통이 있기 때문에 모든 문화를 존중해야 한다고 말한다.

5. 각 지역마다 문화가 다르며, 인간은 자신이 살고 있는 지역의 문화적 토대 위에서 성장하고 생활한다. 그러다 보니 우리는 우리가 속한 문화에서 세상을 보고 이해하는 방식대로 살아가며 이를 정답이라고 여기게 된다. 이로 인해 다른 문화, 익숙하지 않은 문화에 대해서는 '무언가 이상하다, 정상적이지 않다'는 편견을 갖게 되는 것이다.

6. 카스트는 신분 제도이다. 브라만이 제일 높고, 다음이 크샤트리아, 다음이 바이샤, 다음이 수드라이다. 인도 정부는 1947년에 카스트를 없앴지만, 인도에서는 지금도 여전히 문화적으로 카스트가 되물림되고 있다. 이 카스트에조차 속하지 않은 사람들이 있는데, 이들을 불가촉천민이라고 부른다. 이들은 인간다운 대우를 받지 못하고 사회에서 가장 더럽고 천한 일을 하며

산다. 하멜 선생님은 아무리 고유한 문화라고 하더라도 이와 같이 인간을 차별하고 자유를 억압하는 면이 있다면 그 문화를 무조건 따르거나 옳다고 할 수 없다고 말한다.

7. 반이는 운하를 구경하다가 하마터면 빠질 뻔한다. 이때 네덜란드 아이가 옷자락을 잡아당겨 주어 위험을 면했다. 반이는 그 아이와 잠시 대화를 나누는데, 그 아이는 부모님이 이혼한 사실을 스스럼없이 말했다. 반이는 이 아이를 통해 네덜란드 사회의 자유롭고 열린 문화를 경험한다. 그러나 잠시 후 자신을 중국인이라고 놀리는 아이를 만난다. 이 일을 들은 하멜 선생님은 네덜란드에는 여전히 백인 중심의 인종 차별주의적인 사람들이 있다고 말한다. 반이는 이 두 경험을 통해 같은 사회에 산다고 하더라도 마음이 열린 사람과 닫힌 사람이 있음을 알게 된다. 반이는 자신이 그동안 닫힌 사람 쪽에 속했다는 사실을 깨달으며 진주의 피부색을 가지고 놀렸던 일을 반성한다.

8. 세계 문화 캠프를 마치고 세 아이는 그 동안 문화에 대한 소견이 좁고 편견이 있었다는 사실을 깨닫는다. 우리 문화만을 당연하게 여기며 지냈는데, 세계의 여러 문화를 접하고는 문화의 다양성에 대해서도 생각해 보고, 자기 나라의 문화에 대해서도 새롭게 이해할 수 있는 계기가 되었다.

II. 사회성 다지기 이해와 비판

[토론하기]

1. 현재 우리가 먹는, 고춧가루를 버무린 김치의 역사는 100년 정도밖에 안 된다. 수백수천 년의 역사를 가진 문화만이 전통이라고 생각한다면 이 김치는 우리의 전통 음식이라고 할 수 없다. 게다가 이 김치의 주재료인 배추와 고추는 우리 토종 채소가 아니라 외국에서 들여온 것이다. 긴 역사나 원조를 전통의 기준으로 둔다면 현재 우리가 먹는 김치는 우리의 전통 음식이라고 할 수 없다. 그러나 전통이란 고정된 것이 아니라 변화하는 것이다. 전통도 문화에 속한 것으로서 기존의 문화는 늘 새로운 문화와 섞여 변화하게 된다. 이것이 오래된 문화가 현재까지 전해지는 이유이다. 과거의 문화가 지금까지도 지속된다면, 그 이유는 역사 속에서 변화와 발전을 거듭했기 때문이다. 현재 우리가 먹는 배추김치는, 완전히 순수한 우리 문화는 아니다. 하지만 소금에 채소를 절여 먹는 음식 문화가 아주 오래 전부터 있었고, 이러한 문화의 바탕 위에 배추와 고추가 전해졌을 때, 그 방식을 적용하여 배추김치를 만들었기 때문에 현재 우리가

먹는 김치 또한 전통문화의 연장선에 있다고 할 수 있다.

2. 각 지역의 문화는 저마다 고유하고 독특한 점이 있기에 함부로 옳다 그르다, 우월하다 열등하다, 좋다 나쁘다를 판단할 수 없다. 그러나 간혹 인권을 탄압하고 자유를 억압하는 문화들이 있다. 인도의 카스트 제도나 이슬람의 히잡 문화, 과거 중국의 전족 문화 등이 있다. 이런 문화는 개인의 자유를 억압한다. 이슬람의 여성들 중에는 스스로 히잡을 쓰고자 하는 여성도 있겠지만 그렇지 않은 여성도 있을 것이다. 이를 개인의 선택 문제로 존중하는 나라도 있지만 중동의 많은 나라는 여성이 히잡을 쓸 것을 강요한다. 인도의 카스트 역시 계급에 따라 직업 등이 정해져 있기 때문에 자유로운 삶에 큰 제약이 따른다. 이러한 문화를 존중하면 역설적으로 개인의 자유는 억압하게 된다. 이 토론의 쟁점은 문화를 존중하는 것과 개인의 인권을 존중하는 것 중 어느 쪽이 더 가치 있는지, 어느 쪽을 더 우선해야 하는지에 관한 것이다.

[논술하기]

3. 문화에 대한 태도는 크게 두 가지가 있다. 하나는 절대주의적인 태도다. 이는 특정 문화를 절대적인 기준으로 삼아 다른 문화를 평가하고 우열을 가리려는 태도다. 문화 절대주의는 다른 문화의 고유한 특성이나 상대적 가치를 인정하지 않는다. 이로 인해 자기 문화의 우수성만 내세우고 상대방의 문화는 비하하는 자문화 중심주의나 다른 문화를 동경하고 우러러보며 자기 문화를 낮게 평가하는 문화적 사대주의 등의 왜곡된 태도를 가질 수 있다. 이와 반대로 문화에 대한 상대주의적인 태도는 세계 각 문화의 다양성을 인정하고 각 문화는 그 나름의 독특한 환경과 역사적, 사회적 맥락에서 이해해야 한다는 입장이다. 문화 상대주의는 각 문화를 존중함으로써 서로 적극적으로 교류하며 함께 문화를 발전시켜 나갈 수 있다. 문화에 대한 이러한 두 입장을 정리하고 자신의 견해를 논리적으로 주장해 본다.

4. 우리는 수천 년의 역사를 가진 문화 민족이다. 정치적으로, 경제적으로 수많은 어려움이 있었지만, 문화를 발전시키며 더 나은 미래를 만들어 왔다. 현재 우리의 드라마와 대중가요, 영화 등이 전 세계적으로 선풍적인 인기를 끌면서 우리 음식과 의복 등 다른 문화에 대한 관심까지 높아지고 있다. 이에 오랜 전통의 주거 문화인 온돌, 상부상조의 정신을 잘 보여 주는 품앗이 문화, 최고의 발효 식품 중 하나인 된장, 한국인의 감성이 잘 녹아 있는 대중가요와 드라마 등 하나를 골라 소개해 본다. 대중가요와 드라마는 특정 작품을 소개해도 좋다.

Ⅲ. 인물 탐구 – 헨드릭 하멜

1. 헨드릭 하멜은 네덜란드 동인도 회사에서 근무하고 있었는데, 일본 나가사키로 가기 위해 배(스페르베르호)를 탔다가 태풍을 맞아 제주도에 표착하게 되었다.

2. 헨드릭 하멜이 표착한 사실이 조정에 알려지고 난 후, 탈출하기 전까지 국가의 관리를 받았다. 당시 조선은 외국인을 나라 밖으로 보내지 않는다는 국법이 있었기 때문이다. 하멜은 왕의 호위군에 배치되어 매달 쌀을 급료로 받으며 조선의 군인으로서 신식 무기 개발에 참여했다. 그런데 이 일을 하던 중 하멜의 일행 두 사람이 청나라 사신에게 고국 네덜란드로 보내 달라고 간청한 일이 벌어졌고, 이로 인해 헨드릭 하멜은 강전으로 옮겨졌다. 거기서 땔감 캐기, 풀 뽑기, 새끼 꼬기 같은 노역에 동원되기도 하고 때로는 살림이 넉넉지 않아 구걸하며 살기도 하였다. 그러다 잠시 안정된 생활을 꾸리기도 했으나, 조선에 흉작과 기근, 전염병 등이 닥치면서 심한 생활고를 겪고, 마침내 배를 구해 조선을 탈출했다.

3. 조선을 탈출한 헨드릭 하멜은 13년간 밀린 월급을 받기 위해 그동안 있었던 일을 보고서로 작성했다. 일본행 배의 난파부터 조선에 표착하여 13년 28일 동안 생활하다가 탈출하기까지 보고 듣고 겪은 일을 낱낱이 서술했다.

4. 당시 유럽은 아시아에 대한 관심이 매우 높았다. 미지의 세계인 아시아를 보물섬으로 상상했던 서구는 특히 한국에 대한 관심이 컸는데, 마침 《하멜 표류기》가 한국에 관해 매우 정확하고 객관적인 정보를 담고 있어서 큰 관심을 끌었다.

5. 헨드릭 하멜은 표류로 인해 언어도 문화도 관습도 낯선 조선에서 원치 않은 생활을 해야 했다. 하지만 낯선 문화를 배척하거나 두려워하지 않고 배우고 익히며 차츰 적응해 나갔다. 그리고 사람들과 적극적으로 소통하며 다양한 친분을 쌓았다. 우리는 하멜에게서 현시대에 꼭 필요한 타 문화에 대해 열린 태도를 배울 수 있다.

사회의 기초를 세워 주는 처음 사회동화❿
하멜 선생님의 세계 문화 보트 여행

1판 1쇄 인쇄 | 2021. 12. 20.
1판 1쇄 발행 | 2021. 12. 27.

오주영 글 | 이경석 그림 | 김연수 도움글

발행처 김영사 | **발행인** 고세규
편집 김유영 | **디자인** 홍윤정
등록번호 제 406-2003-036호 | **등록일자** 1979. 5. 17.
주소 경기도 파주시 문발로 197(우10881)
전화 마케팅부 031-955-3100 | 편집부 031-955-3113~20 | 팩스 031-955-3111

© 2021 오주영, 이경석
이 책의 저작권은 저자에게 있습니다. 저자와 출판사의 허락 없이 내용의 일부를 인용하거나 발췌하는 것을 금합니다.

값은 표지에 있습니다.
ISBN 978-89-349-4950-3 74800
ISBN 978-89-349-7958-6 (세트)

좋은 독자가 좋은 책을 만듭니다. 김영사는 독자 여러분의 의견에 항상 귀 기울이고 있습니다.
전자우편 book@gimmyoung.com | 홈페이지 www.gimmyoungjr.com

> **어린이제품 안전특별법에 의한 표시사항**
> 제품명 도서 제조년월일 2021년 12월 27일 제조사명 김영사 주소 10881 경기도 파주시 문발로 197
> 전화번호 031-955-3100 제조국명 대한민국 ⚠주의 책 모서리에 찍히거나 책장에 베이지 않게 조심하세요.